Anna Funck

Mama ist tot. Und jetzt?

Anna Funck

Mama ist tot.
Und jetzt?

HERDER

FREIBURG · BASEL · WIEN

MIX
Papier aus verantwor-
tungsvollen Quellen
FSC® C083411

© Verlag Herder GmbH, Freiburg im Breisgau 2018
Alle Rechte vorbehalten
www.herder.de

Satz: Daniel Förster, Belgern
Herstellung: CPI books GmbH, Leck

Printed in Germany
ISBN 978-3-451-60063-0

Für meine Töchter Karlotta und Theresa,
wenn ich einmal gehe

Inhalt

Bestandsaufnahme

Mama ist seit vier Wochen tot und ihr Nicht-mehr-Atmen wird immer unwirklicher. Mein Gehirn ist ein Sieb. Ich fahre mit dem Coffee-to-go-Becher auf dem Autodach los, lasse die Wasserkästen an der Straße stehen und Briefe auf dem Beifahrersitz welken, statt sie in den gelben Schlitz zu stecken. Mal funktioniere ich, mal breche ich in Tränen aus. Und dann frage ich mich ständig: Mache ich das richtig? Trauere ich gut genug?

Der Pastor hat gesagt: »Nehmen Sie sich bloß Zeit und machen Sie das richtig, sonst bekommen Sie Geschwüre.« Nett. Jetzt muss ich mir also auch noch Sorgen machen, ob ich das gut genug mache, um nicht auch noch krank zu werden. Dabei überlege ich doch sowieso ständig, wie ich das eigentlich überleben soll. Und das, obwohl ich ein großartiges Kind habe, das mich ständig fragt, wie es mir helfen könne, und auch noch, laut meiner Freundin Britta aus Hamburg, »einen von den Guten« als Ehemann abbekommen habe. Ich habe ein Leben, in das ich zurückspringen, das wunderbar Trost spenden kann. Dennoch zermürben mich meine Gedanken und die Frage: Wie komme ich optimal da durch?

Britta sagt immer: »Gib Geld aus, verreise, alles scheißegal, du musst durch die schlimme Zeit kommen.« Stimmt. Habe ich auch gleich gemacht. Ich habe mir die teuersten, hippsten Blusen und Strickjacken gegönnt, neue Schuhe, ein hauchdünnes iBook, unnötige Taxifahrten, Restaurantbesuche und Kosmetikbehandlungen. Ich habe dabei auch an meine Familie gedacht – gar nicht so sehr an mich. Denn je besser es mir geht, desto besser geht es ja auch ihnen. Hat aber nicht geholfen. Zumindest nicht langfristig. Zuerst kamen mir ständig die Tränen, wenn ich von Mamas Tod erzählte. Ich habe mit der Blumenhändlerin, die meine Mutter 40 Jahre kannte, geweint. Ich habe mit der Sprechstundenhilfe unseres Hausarztes geweint. Mit meinem Bruder. Mit meinem Vater. Mit einem Taxifahrer. Dem Postboten. Und einer Kassiererin. Jetzt bin ich erst mal leer – und fange an: Ich werde Mamas Tod überleben, so intensiv wie nötig trauern und mir so viel Hilfe holen wie möglich. Und ich werde mir ein neues Leben basteln – ohne Mama. Eine Träne schwappt auf die Tastatur meines nagelneuen iBooks. Falsch: Mit Mama. Nur anders.

Mama ist am 22. Januar um 2.05 Uhr gestorben. Steht auf der Sterbeurkunde. Dass ich dieses Dokument in den Händen halte, kann ich immer noch nicht glauben. Dabei hat sie ihr Sterben angekündigt, sich von meinem Vater fünf Stunden lang mit inkludiertem Ehefazit – Urteil: »War doch eigentlich echt großartig!« – verabschiedet und sich sehr selbstbestimmt in einen Schlaf fallen lassen, der über Tage ging. Bis sie irgendwann mit dem Atmen aufgehört hat. Mit nur 74! Eine Frechheit, gemessen daran, dass wir im 21. Jahrhundert leben. Viel zu früh.

»Deine Mutter sieht jetzt wunderschön aus«, hat mein Vater gesagt, der bis zuletzt bei ihr war. »Wie eine antike Statue. Ganz friedlich, richtig hübsch und zufrieden.« Und das nach einem elf Monate langen Leidensweg, verursacht durch Knochenkrebs. Ein bisschen trösten mich seine Worte. Als kranke Frau war Mama mir oft fremd, vollgepumpt mit Schmerzmitteln und Morphium. Oft schien sie nicht sie selbst zu sein wie ein verzerrtes Spiegelbild, durch die vielen Medikamente. Innerlich wie äußerlich. Ihre Reaktionen im Gespräch erschienen oft wie ein lasches Grau, dabei war sie ihr Leben lang doch mehr schwarz-weiß. Mama war taff, nie schwankend. Einmal entschieden, durchgezogen, dabeigeblieben. »Straight«, würde meine kanadische Cousine sagen. Das Morphium machte sie langsamer, weniger selbstbestimmt, manchmal unvorhersehbar in ihrer Art. Im Tod dagegen ist sie also wieder ganz Mama: ganz bei sich, entspannt, in sich ruhend. Keine Nuancen. Nur eine – vielleicht weiß.

Die Beschreibung meines Vaters nach Mamas Nicht-mehr-Atmen erinnert mich an einen Moment in einem unserer alljährlichen Oster-Skiurlaube in Obergurgel: Meine Mutter liegt im Liegestuhl auf unserem Balkon mit Blick auf die Piste, ich, ungefähr neun, hopse vor ihr mit einer Haarbürste als Mikrofon hin und her, mein Vater filmt uns lachend. Mit geschlossenen Augen lächelnd saugt Mama die Sonne auf. Ihr Gesicht ist glatt und vollkommen unangestrengt. Nichts zerrt an ihr. Das ist meine Mutter. Genauso, wie sie uns ein bisschen verspottet hat, als wir ihr auf den letzten Metern immer noch Mikronährstoffe gaben. Obwohl sie doch schon längst beschlossen hatte, nicht mehr mitzuspielen. Ich mache da nicht mehr mit! Als diese Entscheidung gefallen war, hat sie bestimmt nicht geschwankt. Wenn du nicht mehr eingewechselt werden kannst und auch auf die Ersatzbank keine Lust hast, weil das Wiedereingesetztwerden aussichtslos erscheint, ist es vielleicht wirklich besser, sich alles von außen anzugucken. Von oben. Ist bestimmt ziemlich aufschlussreich.

Nur ich stehe alleine am Boden und kann sie nichts mehr fragen. Der Griff zum Smartphone oder der Befehl im Auto »Mama anrufen!« verläuft jetzt ins Leere. Kein Anschluss mehr unter dieser Nummer. Normalerweise telefonieren wir jeden Tag, auch mehrfach. Das ist schon kein Ritual mehr, sondern ein Automatismus wie mit der Hand die Augen abzuschirmen, wenn die Sonne blendet. Meistens rufe ich an. Wenn ich nicht weiterweiß oder unsicher bin, rufe ich Mama an. Wenn ich in eine komische Situation gerate oder überlege, welche Schuhe zum Kostüm passen, rufe ich Mama an. Oder wenn ich einfach Beistand brauche von dem Menschen, der mich bedingungslos und immer liebt. Und wer soll das sein, wenn nicht Mama? Das soll nicht heißen, dass ich eins von diesen irren Hühnern bin, die immer tröten: »Mama ist meine beste Freundin!« Das halte ich für absolut krank. Ich bin selbst Mama und ich will niemals die beste Freundin meiner Tochter sein. Ich will ihre Mama sein. Das heißt für mich: eine affenartig gesunde Liebe, auf die man sich immer verlassen kann. Aber ich gehe nicht mit Mama in eine Bar, nachdem wir Klamotten getauscht und uns gegenseitig die Wimpern getuscht haben. Das ist für Teenies und Gleichaltrige.

Während ich diese Zeilen schreibe, merke ich, dass ich all das eigentlich im Präteritum hätte verfassen müssen, denn Mamas offenes Ohr am Telefon ist jetzt weg. Ich kann sie nicht mehr anrufen. Und das, wo ich doch mitten im Leben stehe und ihren Rat immer gebrauchen kann. Vielleicht sitzt Mama jetzt in der VIP-Loge neben Gott, ihrer Mutter und Roger Willemsen und feuert mich an. Denn ich habe ja noch einiges vor. Und sie hätte nicht gewollt, dass ich in Kummer versinke. Ich lege die Sterbeurkunde unters iPhone, scanne sie und schicke eine Mail an die Telekom. Ihr Handy muss gekündigt werden. Eine Zumutung, so etwas tun zu müssen! Als hätte man mit der Wucht des Kummers nicht genug zu tragen. Aber das Leben geht weiter, ob wir wollen oder nicht. Und auch wenn Mama laut Urkunde tot sein soll und ich ihre Handynummer nie wieder anrufen kann, nehme ich mir für immer vor, nie aufzuhören, mit ihr zu kommunizieren. Jetzt muss ich nur noch herausfinden wie.

Unreligiös, unspirituell – trauerunfähig?

ein Problem ist: Ich bin so gar nicht spirituell oder religiös. Heimlich beneide ich alle Menschen, die Trost in Kirchenwänden, Räucherstäbchen und Handauflegen finden. Ich glaube einfach nicht an Gott, die Bibel oder die Nummer mit der Auferstehung. An keine höhere Macht, die mein Schicksal lenkt. Prinzipiell finde ich das Trostpflaster »Religion« ja klasse. Einfach draufpappen, egal, was kommt. Das ist eine gute Sache, und Glaube kostet ja auch nichts, jeder kann's benutzen, jederzeit. Das geht schon mit ganz kleinen Dingen los: Wenn du mal wieder den Anschlusszug der Deutschen Bahn verpasst hast und in Hinterdürröhrsdorf endest, deine Lieblingsschokolade aus ist, du einen tollen Job verlierst oder Mama eben beschließt zu sterben – Hoffnung geht nie aus. Glaube ist gut. Der Zuversichts-Akku kann sofort aufgeladen werden. Nur fehlt mir halt das passende Kabel. Ich hab's nicht mit dem Glauben und er auch nicht so mit mir. Leider. Wut überkommt mich, dass ich jetzt dastehe und nichts habe. Meine Cousine Britta erklärt mir, sie werde für mich beten.

»Das finde ich sehr nett, aber ich glaube leider nicht daran«, sage ich.

»Aber, Anna, meinst du nicht, wenn viele Menschen beten und alle ihre guten Energien bündeln, dass das dann doch bei einem Menschen ankommen und helfen kann?«

»Doch, vielleicht. Ich fände es ziemlich gut.«

Sicherlich wäre es höchste Zeit, spiritueller zu werden? Nicht nur wegen Mama, sondern weil wir auf einem kränkelnden Plastikplaneten ein Plastikdasein leben. Wir sind immer im Stress, ständig online, ständig überreizt und ständig fragt dich jemand: »Du bist doch bei Facebook. Aber warum twitterst du nicht / bist du nicht bei Instagram / Xing / hast du bei WhatsApp den Status ›Keine Anrufe‹? Wir finden unsere Wege über Google Maps. Aber den Weg, den ich jetzt gehen muss, den gibt es da nicht. Dafür gibt es nicht mal eine Landkarte aus Papier. Und ich kenne das Ziel auch nicht. »Damit leben lernen« vielleicht. Ich bin 35, habe ein Kind, bin schon in zweiter Ehe verheiratet (ja, ich lebe schnell!), arbeite selbstständig als TV-Moderatorin in ganz Deutschland, häufig auch im Ausland und für den »Oma-Sender« – wie mein Freund Daniel vom »jugendlichen« ZDF den Laden nennt – MDR. Ich moderiere Galas, stehe auf Roten Teppichen, treffe auch mal in Dubai J.Lo zum Interview oder moderiere ein paar Sätze in eine türkische Kamera auf dem Bosporus. Was ich damit sagen will: Ich habe ein schönes Leben, für das ich hart arbeite und das ich sehr mag. Aber bringt mir jetzt auch nichts. Im Kummer ist man ziemlich archaisch auf sich selbst zurückgeworfen. Im Schmerz sind wir alle gleich. Und er macht blind für alles, was gut ist. Es trifft einen wie ein Steinschlag, und jeden Morgen wacht man auf und denkt: Oh Gott, es ist tatsächlich passiert. Aber irgendwie steht man trotzdem täglich auf, putzt Zähne, kocht Kaffee, bindet dem Kind die Schuhe zu. Es geht immer weiter. Nur welchen Weg geht man Hand in Hand mit der Trauer, die einen in den Boden zieht wie Blei? Ich kann keinen Rosenkranz beten, mich nicht mit Weihwasser benetzen oder Steine auf ein Grab legen. Ich muss den Trauer-Weg für Nicht-Spirituelle finden. Den gibt es, davon bin ich überzeugt. Bei mir läuft es über das Verstehen. Und damit fange ich jetzt an.

Wie stirbt man eigentlich?

Ich bin Journalistin. Also mache ich das, was ich immer mache: Informationen sammeln. Das tut mir gut, denn es ist ein Stück Gewohnheit im Ausnahmezustand. Rückblick: Mama schläft seit Tagen. Manchmal wacht sie auf und sagt:»Ach, jetzt habe ich den ganzen Tag geschlafen. So was.« Ich sitze an ihrem Krankenhausbett und tröste:»Du brauchst das vielleicht.« Und denke: Entweder regeneriert sie sich oder sie wacht irgendwann einfach nicht mehr auf. Und habe schreckliche Angst. Zu diesem Zeitpunkt geht es ihr sehr schlecht. Vor Schwäche kann sie sich nicht mal mehr selbst im Bett umdrehen. Alle zwei Stunden kommt eine Schwester und hilft ihr, die Liegeposition zu verändern. Die Schwester wartet darauf, dass es zu Ende geht, was sie einem auch gerne zwischen Blutabnehmen, Umlagern meiner Mutter und Tütensuppeanrühren auf dem Flur mitteilt. Und ich stehe daneben mit der nagenden Hoffnung eines verängstigten Kindes, dass sie sich noch einmal aufrappelt. Meine Mama hasst es, so auf fremde Hilfe angewiesen zu sein. Kay, mein Apothekerfreund, sagt:»Sie bestimmt jetzt selbst. Ihre Psyche entscheidet.«

Normalerweise schmeißt meine Mutter Essen für 15 Personen – die Einladungen sind heiß begehrt, besonders zum weihnachtlichen Truthahn –, fährt gerne 100 Kilometer zu unserem Lieblingsfriseur Sascha Kuschel,»damit die Haare auch wirklich sitzen«, geht shoppen für ihre Enkelkinder bei Petit Bateau und ist VIP-Kundin in unserer Parfümerie. Sie hat über zehn Jahre in Amerika gelebt, liebt Mode, Museen und tiefsinnige Gespräche, liest jedes Buch, das ihr in die Finger kommt, und regt sich über schlechte RTL-Formate und »diesen dämlichen Dieter Bohlen« auf. (Sorry, Dieter, da waren wir nie einer Meinung!) Jetzt liegt sie zart und klein, 20 Kilo weniger und mit mehrfach operiertem Körper in wechselnden Krankenhausbetten.

Also fange ich an zu recherchieren. Sicher kann der Tod auf vielen Wegen kommen. Es gibt Menschen, die sich leider quälen müssen. Zwar heutzutage angeblich nicht mehr mit Schmerzen – dafür gibt es Morphiumdosen, die den Übergang sanft gestalten sollen. Manche werden plötzlich aus dem Leben gerissen und andere dürfen sanft einschlafen – vielleicht dann, wenn sie nichts mehr zu erledigen haben? Auf meine Mutter trifft das zu. Sie ist immer schon ein ordentlicher Mensch gewesen und so hat sie, auch während sie schon krank war, aufgeräumt und einigen Menschen so richtig die Meinung gegeigt. Im Sterben ist man also scheinbar gar nicht so viel anders als im Leben.

Zum Glück ist zwischen meiner Mutter und mir nichts mehr offen, nichts ungesagt. Ich habe ihr mein Leben lang immer wieder gesagt und geschrieben, dass ich mir keine bessere Mutter hätte vorstellen können und bin also frei von dem Gedanken »Hätte ich ihr noch gesagt, dass …«

»Geht der Tod also ganz natürlich vonstatten«, lese ich, »übermannt einen der Schlaf. Man schläft immer mehr und mehr. Und gleitet hinüber.« Man entschlummert quasi dem Leben. Laut Sterbeforschern verlassen nach und nach die Sinne den Körper. Zuerst kann der Betroffene nicht mehr sprechen, möglicherweise kommuniziert er noch durch Zeichensprache. Tatsächlich verlässt auch Mama die Sprache. Nur manchmal schlägt sie die Augen auf und gibt Anweisungen. Einmal ist der Grund dafür ein künstlicher Frühblüher, den ich ihr ans Bett gestellt habe. Den Tannenbaum, den ich ihr vor Weihnachten ins letzte Krankenhaus geschleppt hatte, musste ich im Januar ja wieder mitnehmen. Aber da sie oft erzählte, sie habe so nett mit ihrem Besuch unter dem Baum gesessen (das »Bäumchen« war knapp 49 cm hoch, höchstens), wollte ich ihr wieder etwas dalassen, etwas, das ich mit der schönen Lichterkette, die so ein wohliges, gemütliches Licht machte, dekorieren konnte. Also kaufe ich diesen Frühblüher, stecke ihn in eine Vase und tüdele die Lichterkette drumherum. Sie freut sich über das Mitbringsel, aber zum Sterben passt es offenbar nicht. Am zweiten Tag des Dauerschlafs schlägt sie die Augen auf und befiehlt meinem Vater: »Mach die Lichterkette aus.« Kurz überlegen wir, ob das Licht irritierend sein könnte. Vielleicht sieht sie andere Lichter. Es ist traurig und auf eine Weise, die dem englischen Humor am Nächsten kommt, komisch. Danach spricht sie nicht mehr. Nie wieder. Wir weinen alle am Telefon. Von Norddeutschland über Berlin bis nach New York und Montréal.

Ich lese, dass nach dem Verlust des Sprachsinn, Hör- und Tastsinn bis zuletzt erhalten bleiben. Mein Vater, Schulmediziner, glaubt mir nicht. Auf Berührung reagiert Mama, da stimmt er mir zu, aber auf Sprache und Töne? Wir beschließen, es auszuprobieren. Meine Mutter liebt Ella Fitzgerald und Billy Holiday. Also muss eine Jazz-CD mit ins Krankenhaus. »Mama wirkt friedlich«, sagt mein Vater. Ihm selbst tut die Musik auch gut.

Ab sofort steht der CD-Player im Zimmer auf der Palliativstation. Mama schläft weiter. Ich bitte Papa, ihr sein Handy ans Ohr zu halten, dann erzähle ich von meinem Tag, der Moderation einer Gala – es lief alles wunderbar, der Kunde hat mich jetzt schon für das kommende Jahr wieder im Voraus gebucht. Es ist ein ganz toller Job, für den sie mich regelrecht weggeschickt hat. »Dein Leben muss auch weitergehen«, hat sie gesagt. Manchmal denke ich, sie hat mich gebeten zu gehen, um in Ruhe sterben zu können. In meiner Gegenwart hätte sie es nicht geschafft. Ich bin ihre Tochter. Das kann man dem eigenen Kind schwerlich antun. Als Mutter tust du alles für deine Kinder, vor ihnen zu sterben gehört nicht dazu. Ich erzähle meiner schlafenden Mutter am Telefon weiter von der Gala, von einem Versprecher auf der Bühne, ich schaffe es sogar, ein Schmunzeln in meine Stimme zu legen. Und denke: Du schläfst vielleicht, aber du bist nicht allein. Wir sind alle bei dir.

Kurz denke ich an meine kluge Freundin Emilia, die aufgrund einer Fehlgeburt in Ohnmacht fiel und mir Folgendes erzählte: »Ich konnte nicht mehr sprechen, ich konnte mich auch nicht bemerkbar machen, als ich zusammengebrochen war, aber ich konnte alles hören und alles wahrnehmen. Warum sollte das beim Sterben anders sein?«

Und dann sage ich in den Hörer etwas, was mich hinterher den ganzen Abend in den Armen meines Mannes weinen lässt:»Mama, wenn du gehen möchtest, ist das vollkommen okay. Ich habe dich unendlich lieb, du hast alles richtig gemacht, du warst die beste Mama. Du entscheidest. Wir sind okay. Es ist alles in Ordnung.«

Später sagt mein Vater zu mir:»Anna, das war das Beste, was du für sie tun konntest. Das war so lieb. Und ich könnte schwören, sie hat es gehört. Sie wirkte ganz ruhig und so zufrieden. Das war mehr, als wenn du an ihrem Bett gesessen hättest.«

Ein paar Stunden später hörte Mama um 2.05 Uhr auf zu atmen.

Können Tote kommunizieren?

ie Stunden nach Mamas Tod sind irreal und ich weiß nicht mehr, was ich gemacht habe. Telefoniert. Mit meinem Vater und meinem Bruder. Kaum etwas gegessen. Zu viel Kaffee getrunken. Immer wieder in Tränen ausgebrochen. Dazu dieses wahnwitzige Gefühl im Bauch: Mama ist tot. Du bist kein Kind mehr. Vorbei. Es gibt nur noch »davor« und »danach«.

Reflexartig greife ich zum Hörer und will Mama anrufen und ihr davon erzählen. Finde den Fehler! Dafür hebt mein Vater ab und beklagt sich, dass sein Auto den Geist aufgegeben habe und er jetzt auch noch in völliger Dunkelheit sitzen müsse. Ständig gehen im Haus die Glühbirnen kaputt. Die hat sonst immer Mama ausgewechselt. »Energiesparlampen mag ich nicht. Das Licht gefällt mir nicht«, hat sie immer gesagt und deshalb auch zu gesunden Zeiten Glühbirnen-Hamsterkäufe gemacht und sie gehortet, um ihr elektrisches Überleben zu sichern. Nur weiß mein Vater nicht mal, wo er nach den Birnen suchen soll.

In der Nacht nach ihrem Tod erscheint sie mir im Traum. Nur kurz, aber unglaublich prägnant: Wir sind in Brasilien und sie will sich unbedingt von einem Heiler behandeln lassen, der die Menschen mit einer Schere anpiekst und an ihnen herumschlitzt. Das Ganze auch noch auf der Straße. Ich bin ziemlich entsetzt.

Daraufhin erklärt sie mir: »Ich bleibe hier, ich komme nicht mehr mit nach Hause.«

»Aber du kannst doch nicht hierbleiben!«, sage ich. »Was ist mit uns, mit Papa?«

Und sie antwortet: »Ich mache es aber. Und entweder du kommst damit klar oder nicht. Aber du kannst es. Du musst nur die innere Stärke finden. Die trägst du in dir. Ich weiß das.«

Danach wache ich auf. Obwohl ihre Worte hart klingen, trösten sie mich – denn gesagt hat sie es ganz sanft –, bis zum nächsten Heulanfall. Ich glaube leider nicht an die tiefer gehende Bedeutung von Träumen, ist doch nur eine Form der Verarbeitung unseres Unterbewusstseins. Aber dennoch: Das Geträumte trägt mich durch den Tag. Den Traum erkläre ich mir mit einem Film, den ich vor einer Weile gesehen habe, über den Heiler John of God, der tatsächlich in seiner brasilianischen Casa sitzt und dort Operationen ohne Narkose durchführt. Der Film hat mich beeindruckt, ganz glauben konnte ich das alles aber nicht. Die Idee, dass Mama mit den Geistwesen von John of God beim Nachmittagstee mit Bienenstich sitzen könnte, gefällt mir. Oder was wäre, wenn Mama sich absichtlich in meinen Traum geschlichen hat?

Natürlich denkt mein Gehirn den ganzen Tag den Satz »Mama ist tot« – was soll ich da auch anderes träumen? Im Netz stoße ich auf einen Artikel über die Kommunikation von Verstorbenen. Und denke: Nun bist du ja endgültig ganz bekloppt. Aber wen interessiert's? Ein Buch musst du darüber ja nicht schreiben. Es erfährt ja keiner. Und es gilt ab sofort die eiserne Regel: Alles, was tröstet, ist gut. Wer heilt, hat recht. Schließlich muss ich gut durch den Tag kommen. Und was genau mich tröstet, muss ich ja erst herausfinden. Wo sind wir eigentlich, dass ich mich schon selbst beobachte und vorverurteile? Und so erfahre ich digital schwarz auf weiß, dass Verstorbene gerne über Träume kommunizieren. Sie sollen in der Lage sein, elektrische Dinge kaputt zu machen, und sie sprengen bevorzugt gerne – ich glaube es nicht! – Glühbirnen.

Ich rufe meinen Vater an und bin für ein paar Minuten fast fröhlich: »Papa, vielleicht ist das Mama! Die lässt die Birnen durchknallen.«

»Anna, die Seele gibt es nicht, das ist Blödsinn!«, sagt mein Vater, der Schulmediziner, lieb – und vorwurfsvoll.

»Vielleicht, vielleicht aber auch nicht«, sage ich, ein bisschen genervt von so viel Naturwissenschaftler, und lege auf.

Und denke: Mama, wenn du das bist, dann lass bitte noch eine Glühbirne durchknallen. Ich will weiterlesen, aber mein Laptop geht aus und lässt sich nicht mehr einschalten.

Am nächsten Morgen flucht mein Vater am Telefon: »Jetzt sind gleich zwei Birnen in der Eingangshalle kaputt. Das gibt's doch nicht.«

Zum ersten Mal muss ich ein bisschen schmunzeln.

Wo ist Mama jetzt?

ama liegt auf Eis. Denn mein Bruder ist Amerikaner und muss für die Beerdigung extra aus New York einfliegen. Gleiches gilt für meine kanadische Familie aus Montréal. Tante Ingrid und Cousine Britta wohnen leider nicht zwei Straßen weiter. So fix gibt es keine Flüge, also auch keine Trauerfeier. Mama wird also so international beerdigt, wie sie gelebt hat. Ihr Körper liegt jetzt kalt. Ich darf nicht daran denken. Es gruselt mich. Mein Mann Jenz sagt sanft mit bayerischem Einschlag: »Es ist doch nur noch ihre Hülle, Anna. Es ist okay.« Das stimmt. Ich stoße auf Elisabeth Kübler-Ross, die mir in einem Interview doch ziemlich spinnert vorkommt. Aber mir gefällt diese Formulierung: »Der Körper zieht nur um in ein anderes Haus.« Was, wenn Mama nur umgezogen ist? Letzten Endes kann mir niemand sagen, wo genau sie ist. Vielleicht stimmen auch alle spirituellen Theorien und sie sitzt als Geistwesen gerade neben mir und versucht krampfhaft, mein neues iBook zu sprengen, um sich bemerkbar zu machen, damit es mir besser geht? Laut der Sterbeforscherin ist der Tod ein Übergang in etwas sehr Angenehmes, man steigt aus dem Leben aus wie aus einem Lufthansa-Regionalflug und in den nächsten miefenden Bus zum nächsten Dasein. Vielleicht geht es ihr jetzt hervorragend. Laut Elisabeth Kübler-Ross, der Todesexpertin der 80er – leider schon verstorben, jetzt weiß sie es also noch besser –, kann Mama jetzt auch wieder gehen und muss nicht mehr permanent liegen. Und angeblich holen uns die Menschen, die wir besonders geliebt haben und die vor uns gegangen sind, ins Jenseits ab. Demnach müsste meine Mutter von ihrer Mutter »Omi Eschwege« oder meiner großen Schwester Ann-Kathrin, die vor mir im Babyalter gestorben ist, in Empfang genommen worden sein. Das gefällt mir. Leider werde ich es nie erfahren. »Bewiesen« hat die Sterbeforscherin ihre Theorie mit Erlebnissen, die sie mit Unfallopfern hatte: Als sie am Sterbebett eines Kindes saß, sagte es in seinen letzten Lebensminuten, es werde nun auf eine Reise gehen, und sein Geschwisterchen sei schon am Ziel. Später erfuhr Kübler-Ross, dass besagtes Geschwisterkind kurz vorher aufgrund seiner Verletzungen verstorben war. Das konnte ihr kleiner Patient aber so gar nicht wissen. Andere Sterbende hätten von Personen gesprochen, die sie nie getroffen und von deren Existenz sie nicht mal etwas gewusst hatten.

Irgendwie trösten mich die Bilder und Gedanken, die mein Gehirn produziert. Vielleicht geht es Mama ja richtig gut. Dann könnte es mir auch bald wieder gut gehen. Und lese Michelangelo Buonarrotti: »Ich bin nicht tot, ich tausche nur die Räume, ich lebe in Euch und geh durch Eure Träume.« Na dann, ab ins Bett. Ich seh dich, Mama.

Tod ist wie Geburt – nur andersrum

Im Buddhismus heißt es: Indem wir den Tod verstehen, verstehen wir das Leben. Leben und Tod sind wie zwei Enden des selben Vorgangs. Genauso denke ich jetzt auch. Irgendwie ist Sterben wie Geburt – nur andersrum. Die Geburt ist das Willkommen und der Tod das Auf Wiedersehen. Das man gar nicht will, das man wegstößt. Aber es hilft ja nicht: Denn sterben müssen wir alle. Der Tod ist der Gleichmacher, dem wir alle unterliegen. Da kann man noch so schick im Porsche Cayenne den Neuen Wall entlangcruisen und auf Balenciaga-Absätzen durch den Nieselregen zu Unger reintänzeln, um zwei, drei Kaschmirpullöverchen fürs Kampen-Wochenende auf Sylt zu schnappen – jedes Hamburger Perlhuhn beißt genauso ins Gras wie die Putzfrau vom eben erwähnten Etablissement. Und weder das Pullöverchen noch das Putz-Outfit kommt dann mit.

Noch während ich so darüber nachdenke, klingelt das Telefon. Mein alter Freund und Promi-Fernsehredakteur Sascha ist dran: »Ma chère!«, sagt er, der in kürzester Zeit Mutter wie Vater verloren hat, »ich empfinde es als unglaubliche Anmaßung, dass meine Eltern mich in die Welt gesetzt haben und ich nun hier sitze in meinem barocken Wohnzimmer mit dem Schicksal, sie verabschieden und selbst sterben zu müssen. Habe ich etwa laut ›Hier‹! geschrien? Wollte ich geboren werden? Nein! Aber ich kann es nicht ändern, ich existiere. Und alles, was nach der Geburt kommt, arbeitet auf den Tod hin.«

»Ja, aber bis dahin machen wir uns bitte eine gute Zeit! Ich brauche dich!«, sage ich.

»Ja, keine Sorge. Ich sollte vielleicht meinen Blickwinkel neu justieren. Als ich neulich mit Wolfgang Joop gedreht habe, sagte er: ›Dieses ewige Weitermachen-Müssen, ist sehr ermüdend. Darum hat der Tod doch vielleicht auch etwas Befreiendes.‹ Empfinde ich zwar nicht so – aber es ist durchaus inspirierend. Adieu.«

Geburt ist in unserer komischen Gesellschaft genauso abartig tabuisiert wie der Tod. Keiner erzählt dir die Wahrheit. Keiner sagt dir, was es bedeutet, ein Kind auf die Welt zu bringen. Wie unmodern-rudimentär der ganze Vorgang eigentlich ist, wie zurückgeworfen die Frau aufs Menschsein, trotz W-Lan und Wehen-App. Zugegeben, jeder empfindet das anders. Aber früher durfte man als Frau auch mal wütend sein, dass man schwanger war. Heute ist das verpönt. Selbst wenn es das Wunschkind ist, darf man ja nicht mal sagen: »Gerade finde ich Schwangersein zum Kotzen! Ich fühle mich fett, sehe meine Schnürsenkel nicht mehr, und mein Mann breitet sich vermutlich gelegentlich mit mageren Mittzwanzigerinnen auf seinem Büroschreibtisch aus.« Was wäre da los! Nein, du musst strahlen, wie nur Schwangere es tun, damit es auch alle sehen. Nach der Geburt muss man sofort ein Foto posten, auf dem frau extrem toll aussieht. Und alle beteuern, es ginge ihnen ja so gut und sie platzen vor Glück. Dass neben all dem Glück und der Schönheit diverser App-Filter noch immer der Urinbeutel nach dem Notkaiserschnitt am Bett hängt oder das Kind nach 48 Stunden Wehen mit der Saugglocke herausgezerrt wurde, weil man sich ganz urdeutsch-leidensbereit gegen den geplanten und verpönten Kaiserschnitt entschieden hat, erfährt keiner. Will man ja auch nicht jedem erzählen. Aber manchmal denke ich: Warum muss alles so verlogen sein?

Auch die Sache mit dem Tod? Ich überlege ernsthaft, ob ich einigen verschweige, dass Mama tot ist, um ihnen die Peinlichkeit zu ersparen, nicht zu wissen, wie sie reagieren sollen. Die Palette reicht von »Oh Gott, oh Gott, das ist ja so schrecklich! Das ist das Allerschlimmste, was dir passieren kann.« (nicht tröstlich!) hin zu »Das ist besser für sie – sei froh, dass sie erlöst ist.« (macht mich persönlich aggressiv, denn: Woher willst du das wissen?) und »Ich habe es dir gesagt. Keine drei Wochen mehr. Sie hat es geschafft – zum Glück.« (kein Kommentar. Statement einer Ex-Krankenschwester im Ruhestand). Alles nicht hilfreich, eher grauenvoll. Und warum passiert so was, quillt so viel Unbedachtes über die Lippen? Weil keiner mehr mit dem Tod zurechtkommt. Wir drücken ihn so an den Rand unserer Existenz, dass wir ihn fast nicht mehr wahrnehmen und wenn er dann kommt und mit aller Härte zuschlägt, sind wir unvorbereitet, sagen unglaublich dumme Sachen, knicken ein, werden unsouverän. Trauern können wir nicht, Beileid ausdrücken noch weniger. Dabei ist der beste Trost, still mitzuleiden, vielleicht nur zu sagen: »Es tut mir leid.« Vielleicht auch zu sagen, was man an der Verstorbenen so mochte. »Ihre Warmherzigkeit hat sie einzigartig gemacht – sie wird mir sehr fehlen«, schrieb eine Freundin. Das tut gut.

Wenn ein Kind geboren wird, nehmen wir Anteil. Wir freuen uns mit. Wir schenken etwas. Im Tod ist es ähnlich: Wir nehmen Anteil, nur ist es eben traurig. Wir weinen mit. Wir schenken Erinnerungen. Geschichten, die die Angehörigen trösten, denn mit ihnen hauchen wir dem Verstorbenen Leben ein. Aber danach ist alles vorbei. Das Neugeborene besuchen wir noch – auch Wochen oder Monate nach der Geburt. Warum besuchen wir keine Trauernden? Nach der Beerdigung sind die Hinterbliebenen in der Regel allein. Man hat zusammen gebetet, eine Rose hinterhergeworfen, Kuchen gegessen – danach schließt man die Tür von außen. Die Trauerfeier ist vorbei, zurück bleiben eine saftige Rechnung, ein paar Bad-Taste-Kondolenzkarten, verwelkende Blumen und ein großes Loch. Ein leerer Stuhl, eine leere Bettseite, ein Handtuch zu viel. Status: minus eins. Manchmal nach Jahren des Zusammenseins. Nach einem ganzen bisherigen Leben. Die Beerdigung soll ein Abschluss sein – aber für wen eigentlich? Eigentlich ist es der Beginn des Trauerwegs. Jedem Ende wohnt ein Anfang inne. Manchmal kein Zauber, sondern Leere. Nach dem Baby erkundigen wir uns – nach einem Hinterbliebenen nicht. Oder nur mal sporadisch. Unbeholfen. Konnten nicht schnell genug die Straßenseite wechseln und fragen:

»Geht es schon besser?«, »Bist du schon drüber weg?«, »Du bist ja nicht gestorben. Du musst weiterleben.«

Trauern ist schwer und steinig, mal geht es besser, mal schlechter wie Aprilwetter im Herzen. Warum ist der Tod so abgerückt? Warum sprechen wir nicht über die Toten oder nur selten? Warum fühlen sich die Nichtbetroffenen unwohl und winden sich wie Aale? Klar, ist ja auch unangenehm, die eigene Vergänglichkeit zu fühlen. Will man ja auch nicht. Aber vielleicht wäre etwas Tuchfühlung mit dem Tod ironischerweise ganz gesund?

Dann könnten wir selbstsicher und ruhig das beste Trostpflaster aus der Tasche ziehen, das es gibt: Erinnerungen. Den Überlebenden geben sie Halt. Aber genau das, Halt geben, haben wir offenbar verlernt. Trauern ist wie ein tollwütiges Tier, das einen anfällt. Wie ein Eisenring um die Brust. Wie ein Gebirge auf dem Herzen. Trauernde schwanken. Man sollte sie stützen. Dass ein Lieblingsmensch aus dem Zug des Lebens aussteigt, wirft aus der Bahn. Jeden anders. Oft bevormundet der Geist den Körper, der nur einen Satz denkt, immer und immer wieder. Mama ist tot. Daneben dann noch fürs Fernsehen drehen, kochen, Wäsche falten, Gute-Nacht-Geschichte vorlesen. Mama ist tot. Ist noch Küchenpapier da? Zip-Beutel für Kosmetik im Flieger? Heute ist Elternabend in der KITA? Mama ist doch tot.

Der Tod muss lebendiger werden, finde ich. Denn nur so kann man mit ihm leben. Etwas mehr Buddhismus, bitte.

Was ist das mit der Trauerpost?

Meine Mutter wird ein großes Loch reißen, eine Lücke, die ihr niemals schließen können werdet. Eine schlimme Zeit liegt vor euch. Es fällt uns schwer, Worte des Trostes zu finden, denn wir glauben, es gibt keine.« Mir kommen gleich die Tränen. Nicht weil Mama nicht mehr da ist, sondern ob der Unfähigkeit meiner Mit-Menschen. Sind Trauerkarten nicht dafür da, Trost zu spenden? Die sind doch nicht ganz bei Trost! Ihr merkt schon: Die Wutphase hat angefangen. Seit Neuestem schlage ich meinen Mann (der hat mir eine Karenzzeit eingeräumt), bin noch ungeduldiger als sonst und habe für nichts und niemanden Verständnis. Und das habe ich verdammt noch mal auch verdient! Ich habe meine Mutter verloren. Da muss ich nicht auch noch Verständnis für andere aufbringen. Basta! Und jetzt schreiben die mir so was:»Der Tod ist mit Sicherheit eine Erlösung in ihrem Fall.« Gut, dass du das so genau weißt, denke ich, und pfeffere die Besserwisser-Zeilen auf einen Haufen vor dem Kamin. Dass der Kamin dort steht, ist, nebenbei erwähnt, Zufall, verfeuern werde ich nichts. Nur, mit Meinungen ist es wie mit Orgasmen: Meiner ist wichtiger und es ist mir egal, ob du einen hast. Komm mir bloß nicht mit deinem Standpunkt!

Hier geht es um Trauer, um Verlust.»Thema verfehlt«, hätte ich fast auf die potthässliche Karte geschrieben und an den Absender zurückgeschickt. Ich betreibe neuerdings in höchster Wut»Menschenforschung«. Und stelle fest: Mit dem Tod können nicht mal die stilvollsten Klugscheißer mit dem ältesten Siegelring etwas anfangen.

Gott ist das krank! Wir müssen wirklich mal zurück, um nach vorn zu kommen. In der Steinzeit waren wir bestimmt begabter im Umgang mit dem Tod. Da kam öfter mal ein wildes Tier vorbei, man war wieder einer weniger in der Höhle und konnte vielleicht besser mitfühlen. Okay, jetzt werde ich pietätloser als so manche Karte. Aber noch mal: Die Natürlichkeit im Umgang mit dem Tod ist uns einfach abhandengekommen. Das lesen wir dann in Form geschmacksneutraler Kondolenzkarten – gerne mit einem schwarzen Kreuz, gestapelten Steinen, einem sanft fließenden Bächlein. Kreativ. Das Grausame ist: Trauernde lesen diese Zeilen allein. In Ruhe. Ohne Publikum. Und beliebig oft. Um sich dann ein paar Bridget-Jones-Freunde mit etwas Alkohol im Blut zu wünschen, die mit einem diese Texte mit viel schwarzem Humor zerrupfen.

Ganz anders meine Freundin Freddy aus Leipzig, Radiomoderatorin, Zweifachmama und trotz Dauerstress immer ansprechbar. Sie hat mir ein Erste-Hilfe-Paket geschickt: Tee, Not-Schokolade, einen kleinen Engel-Anhänger. Dazu ein paar liebe Worte. Trösten kann so einfach sein. Aber, zugegeben, entweder man ist Freddy oder eben nicht.

Ich schlitze weiter Briefumschläge auf. Eine Karte mit Frühblühern. Kein Schwarz. Das finde ich schön. Hätte meiner Mutter gefallen, die immer wusste, was zu sagen war oder wann man einfach mal die Klappe halten sollte. Meine RTL-Kollegin Kim schreibt einfach, wie leid es ihr tue. Genauso meine Freundin Johanna. Einfach gut. Unsere ehemalige Haushaltshilfe schreibt:»In tiefster Trauer, Helga Marquardt.« Das finde ich wunderbar. Marquardt, wie ich sie seit meinem dritten Lebensjahr bis heute nenne, auch wenn meine Mama krampfhaft ein»Frau Marquardt« daraus zu machen versuchte, war nie eine Frau der großen Worte. Eher der kleinen feinen – oder der liebevollen Alltagsgesten: Entgegen der Entscheidung meiner Mutter nahm sie mich in den 80ern aus dem Laufstall, damit ich das Haus erkunden konnte, um mich bei Erscheinen meiner Mutter blitzmäßig wieder im Laufstall zu versenken. Warum hätte sie 30 Zeilen à 10 Anschläge oder mit einem Füllfederhalter auf Sepia-Papier mit Titelangabe schreiben sollen? Bleibt doch, wie ihr seid. Aber vielleicht ist das genau das Problem.

Eine Glühbirne knallt neben mir durch. Mama?

Ich lese weiter. Das gefällt mir: »… durch gemeinsame Freunde habe ich sie (meine Eltern) kennengelernt. Auf der Nordkap-Reise beim Patiencelegen Silvia (meine Mutter) auch etwas näher. Ihre offene und warmherzige Art hat Begegnungen und Gespräche immer leicht gemacht. Ich war gerne in ihrer Gesellschaft – wie wird sie fehlen!« Das ist modernes Storytelling. Das ist meine Mutter. Und das schafft Trost, Halt, Wärme. Meine Empfehlung, falls jemand demnächst Trauerpost schreiben muss: einfach gute Momente und Erinnerungen austauschen.

Darum geht es. Und nicht darum, den Trauernden zu belehren, dass es dem Verstorbenen jetzt besser gehe, er erlöst sei, er eine schlimme Zeit durchmachen musste. Das weiß man ja selbst. Mir zumindest ist das vollkommen klar – auch ohne Doktortitel. Auch interessant: »Nun ist sie zu dem Zustand zurückgekehrt, dem wir vor unserer Geburt angehörten.« Da weiß wieder jemand mehr als ich. Zugegeben: Es klingt nicht schlecht und ist liebevoll gemeint. Aber schöner wäre, von der eigenen Vorstellung zu sprechen. Hallo! Ich befinde mich in der Wutphase – ich will nicht die Welt erklärt bekommen. Ich suche Trost, verdammt. Schön ist wiederum: »So viele Bilder aus der Zeit unserer Freundschaft kommen zurück und sind so lebendig, dass es Silvia nicht gelingen wird, wirklich zu verschwinden.« Ganz süß. Wobei das ja schon wieder impliziert, dass sie sich selbst gerne aus deinem Gedächtnis löschen wollte …

Etwas länger sitze ich mit dieser Karte: »I know you are sad, so I won't tell you to have a good day. Instead I advise you to simply have a day. Stay alive, feed yourself well, wear comfortable clothing, and do not give up on yourself yet. It will get better. Until then, have a day.« (Frei übersetzt nach meiner Gemütsverfassung: »Ich weiß, dass du traurig bist. Deshalb wünsche ich dir keinen schönen Tag. Stattdessen gebe ich dir den Rat, einfach nur einen Tag zu verbringen. Bleib am Leben, iss etwas Gutes, trag etwas Bequemes und gib nicht auf. Es wird besser werden, aber bis dahin verbringe einfach den Tag.«) Eine Freundin meiner Mutter aus Lancaster. Wunderbar. Als hätte sie mich kurz aufgeklappt, meine Seele angeschaut und diese Zeilen zu Papier gebracht. Ohne verbalen Zuckerguss, ohne affektiert nuttige Adjektive, ohne Deckmantel der Höflichkeit, der Falschheit, der Oberflächlichkeit. Es juckt mich in den Fingern, ihr sofort zurückzuschreiben. Es ist das Hilfreichste, was ich bisher gelesen habe.

Die letzte Karte bringt mich dafür endgültig auf die Trauerpalme:»Sie hat es endlich geschafft, es war besser für sie.« Kurz überlege ich, ihrer Tochter das Gleiche eines Tages an ihrem Sarg zu sagen, wenn sie es geschafft hat, schiebe den morbiden Gedanken dann aber beiseite.

Werde ich mich in zwei Wochen noch ärgern? Nein. Eins darf ich nicht vergessen: Alle haben sich hingesetzt und mir, meinem Bruder und meinem Vater geschrieben. Das ist eine schöne Geste. Viele haben es zwar nicht verstanden, aber wir lernen ja schon früh: Du musst dich auch über die indische Tempeltänzerin aus China freuen, unter deren Kleid sich eine Keksdose offenbart, wenn Oma die mitbringt. Es geht ja um die Geste. Auch über die ALDI-Primel für 1,49 Euro. So funktioniert unsere Welt. Und jetzt kaufe ich mir einen Box-Sandsack, um auf der Beerdigung nicht mit Gesangbüchern zu schmeißen. So. Und jetzt klappt Ihr dieses verdammte Buch zu – Kapitel zu Ende! Heute gibt's keinen Nachschlag.

Trauern heißt sich Zeit nehmen

Ich liebe diesen Moment, abends, wenn das Kind im Bett ist, die Spülmaschine schnurrt, alles aufgeräumt ist und definitiv nichts mehr erledigt wird. Wenn ich ohne schlechtes Gewissen in meiner Jogginghose – wohlgemerkt einer stylishen – aufs Sofa fallen kann, die Schokolade wartet auf mich, mein Mann, die Favoritenliste von Apple TV. Alles, was ich tun muss, ist, mich auf einen Film zu konzentrieren. Dann ist alles nicht passiert. Denn der Mensch kann sich nicht einer Aufgabe widmen und gleichzeitig traurig sein. Oder etwas durchdenken und zeitgleich sinnlos grübeln. Wir sind nicht multitasking, nie gewesen, werden wir auch nie sein, alles Bullshit. Es sei denn, wir meinen mit Multitasking, dass etwas auf der Strecke bleiben kann. Aber das gedankliche Schlachtfeld will ich jetzt gar nicht beschreiten, dann motzt mein Ehegatte gleich wieder, weil er von sich denkt, er sei multitasking. Schönen Gruß an dieser Stelle, bist du nicht. (Ja, ich liebe dich, aber bist du nicht. Und jetzt klatsch bitte nicht das Buch an die Wand.)

Neuerdings wird die Nach-der-Gute-Nacht-Geschichte-Zeit auch oft anders genutzt. Ich lese im Tagebuch meiner Mutter, gucke alte Fotoalben an und weine manchmal. Lese Trauerpost. Wühle in ihrem Sekretär und finde Dinge. Dinge, die mich trösten, neugierig machen, zum Glück immer das Gedachte bestätigen. Kurze Notizen. Lieblingsfotos. Aufgehobene Gedichte. Ja, meine Mutter kann man lesen. Überall und in jeder Schublade. Und zum ersten Mal denke ich, vielleicht traure ich ja doch gar nicht mal so schlecht. Vielleicht mache ich es richtig. Ich nehme mir Zeit. Ich tue, wonach mir ist. Konfrontiere mich so, wie es mir guttut und mir der Sinn steht. Am liebsten würde ich den Pastor anrufen und sagen:»Ich werde keine Brutstätte für Geschwüre. Nein, ich nicht.«

Auch wenn es kein Rezept zu geben scheint, wie man es denn nun richtig tut, fällt mir meine Kollegin Stephanie ein, unsere Wetterfee. Die schrieb mir neulich fast poetische, beste und schönste Tipps seit Langem:»Trauern geht, indem man:

* lacht
* weint
* spaziert
* schwimmt
* rennt
* tanzt
* isst
* trinkt
* hungert
* schreit
* badet
* schläft
* liest
* feiert
* liebt
* stoppt
* lebt und doch
* Demut spürt.«

Ich finde es großartig, denn Trauern heißt nicht, dass man nur noch weint. Sicherlich gibt es diese Phase ganz am Anfang, in der einem allein der Gedanke an die traurige Nachricht sofort Tränen in die Augen treibt. Aber irgendwann ist die traurige Gewissheit gesackt. Du wachst jeden Morgen auf und denkst: Mama ist nicht mehr da. Auch diese Phase geht vorbei. Du bist nicht weniger traurig, aber hast Termine, Jobs, Fasching im Kindergarten. Und eines Morgens stehst du auf und stellst erst gegen Mittag fest: Mama ist tatsächlich tot.

Jeder gibt der Trauer einen anderen Rahmen. Jeder trägt ein anderes Bild der Trauer mit sich herum. Und wenn es zu sehr weh tut, trickse ich mit der Liebe. Denn wer Liebe empfindet, ist nur noch halb so traurig. Liebe ist mein Rezept. Dankbarkeit. Und mein ureigener Moment, den ich gestalte, wie ich will, ohne Unterbrechung, wenn das Kind sanft schnarcht und die Geschirrspülmaschine schnurrt.

Wie erkläre ich meinem Kind den Tod?

Karlotta ist übers Wochenende bei ihrem Vater, meinem Ex-Mann, als Mama sich davonmacht. Wann sollen wir es ihr sagen, überlegen wir und entscheiden uns für einen Tag nach dem Wechsel von Papa zu Mama. Denn meist ist sie danach erst mal durch den Wind. Ich überlege hin und her. Soll ich ihr etwas von Gott vorkauen? Ich glaube doch selbst nicht daran. Andererseits erzählt man dem Kind ja auch das Märchen vom Osterhasen und dem Weihnachtsmann. Damit kann ich ja auch gut leben. Und das hat schließlich ja auch was mit Glauben zu tun. Ich entschließe mich für einen pragmatischen Mittelweg und dafür, meiner Tochter ein paar Gedanken anzubieten. Je länger ich darüber nachdenke, desto glücklicher werde ich mit dieser Idee. Ich bin eine moderne Frau. Ich glaube an Grundierung unter dem Show-Make-up, an Push-up-BHs und Klebewimpern. Das gilt ja wohl auch fürs Ableben. Hau 'nen Filter drauf. Ganz einfach. Es gibt immer irgendwo Fake heutzutage. Warum sollte ich bei dieser grässlichen Fratze der Realität nicht auch ein bisschen tricksen? Gutes Licht, etwas Weichzeichner? Heutzutage ist ja nun wirklich kaum jemand ausschließlich naturbelassen. Und man kann auch ruhig mal Wasser predigen und Hugo trinken, wenn's dann weniger we tut.

Karlotta und ich liegen im Bett und nach der Gute-Nacht-Geschichte ist es soweit: »Oma ist eingeschlafen und nicht mehr aufgewacht.« (Soll man nicht sagen, laut Psychologen soll man »gestorben« sagen. Hab's nicht über die Lippen gekriegt. Verdammt.)

»Die Omi ist gestorben?« (Ich hab's ja gesagt.)

»Ja.« (Okay)

»Wo ist sie jetzt?«

(Tja …) »Das kann keiner mit Gewissheit sagen. Sie ist eingeschlafen und nicht mehr aufgewacht, ganz sanft. Jetzt könnte sie im Himmel auf einer Wolke sitzen, sie könnte aber auch jetzt gerade hier neben uns auf dem Bett liegen. Auf jeden Fall ist sie jetzt immer ganz nah, denn der Himmel ist ja überall.«

»Das ist gut. Wie kann ich dir helfen, Mama?«

Auf die Frage bin ich nicht vorbereitet. »Wieso willst du mir helfen, Püppi?«

»Na, weil du keine Mama mehr hast.«

Ich lächle. So voller Liebe bin ich. »Du musst mir nicht helfen, mein Schatz.«

»Auf jeden Fall freue ich mich auf die Trauerfeier, weil wir da die Omi wiedersehen!«

Ich bin baff. Sie hat es nicht verstanden. Alles umsonst. Es war zu weich, zu umständlich, was ich gesagt habe. Dabei sagt man doch immer, Kinder kämen mit dem Tod besser zurecht als Erwachsene. Können besser verarbeiten, besser hinnehmen. Der grenzenlose kindliche Egoismus, der sich entwickeln will, und der Halt, den die Eltern geben, machen's möglich. Oder doch besser die knallharte Realität?

Ich sage: »Wir werden die Omi nicht sehen können bei der Trauerfeier. Wir sehen sie nie mehr.«

Mein kleines sechsjähriges Gegenüber setzt sich auf, zieht die Brauen zusammen: »Doch Mama, natürlich sehen wir sie. Du hast es nicht verstanden. Wir sehen sie mit unserem Herzen!«

Glauben Sie an Gott, Herr Bestatter?

ie glauben gar nicht, wie rein menschliche Asche ist. Einäscherung ist reine Mineralisierung. Die riecht auch nicht, da ist ganz wenig Ruß drin. Ganz fein.«

Karl-Henning Kiste ist Bestatter, ein angenehmer, ruhiger Mann Anfang 60, Brille, mit Zwirbelbart wie Kaiser Wilhelm, dessen Spitzen er eindreht und nach oben biegt. Früher, also so um 1900, trug man für solche Schnorres-Kunstwerke über Nacht eine Bartbinde, damit das Oberlippenhaar in Form blieb, und hatte eine spezielle Barttinktur, die »Es ist erreicht« hieß. Vielleicht kann man als friedfertiger Bestatter gar keinen anderen Bart tragen, denke ich, während wir an einem Holztisch in seiner Filiale Platz nehmen. Neben uns: zwei Vitrinen mit Urnen. Groß und bauchig und bunt. Da gibt es Behältnisse in Fußballform, mit Schmetterlingen, Sonnenblumen, Seesternen, Gedichten. Herr Kiste ist seit über 30 Jahren im Geschäft.

»Ist Ihr Beruf nicht unfassbar anstrengend und traurig?«, frage ich.

»Nein, ich habe ja immer mit Menschen zu tun, zwar in Ausnahmesituationen, aber ich sehe mich dann als Moderator, als Führer, ich helfe durch diese schweren ersten Momente, ich nehme ihnen ja fast alles ab, ich berate, ich tröste auch, indem ich ihren Blick wieder auf die nächsten Schritte lenke. Ich bin dann sehr sachlich.«

»Ich verstehe. Und was machen Sie, wenn jemand total die Fassung verliert?«

»Ich schlage vor, dass wir uns mal überlegen, wie der Text für die Traueranzeige aussehen könnte. So beginnt ein Gedankengang, ein Gespräch, manchmal lacht man dann auch wieder.«

Der Tod ist sein Brot, denke ich. Wie vermutlich viele in dieser Branche hat es ihn eher zufällig ins Geschäft mit der Endlichkeit verschlagen: ursprünglich Elektriker gelernt, dann kurz arbeitslos geworden, als Fahrer für den Bestattungsfachgroßhandel eingestellt, bewährt und für gut befunden worden, irgendwann selbstständig gemacht. Angst vor Toten kennt er nicht. Die erste Leiche mag ein Meilenstein gewesen sein, sei aber lange her. Wir gucken uns drei Sargmodelle an.

»Was da alles Platz hat!«, höre ich mich sagen.

»Ja, Sie können alles Mögliche hineinlegen, ein Kissen, ein Laken, das obligatorische Ölpapier.«

»Ölpapier?«

»Ja, für die Körperflüssigkeiten. Sie wissen doch: Wir bestehen zu sechzig bis achtzig Prozent aus Wasser, das tritt nach und nach aus. Deswegen fallen wir ja auch zusammen und die Haut wird pergamentartig. Ein Verstorbener verändert sich deshalb von Tag zu Tag. Das Ölpapier funktioniert wie ein Schwamm, es saugt die Flüssigkeit auf.«

»Und es war Ihnen nie unangenehm, mit Toten zu tun zu haben?«

»Nein, das ist doch ganz natürlich. Schlimm sind eigentlich nur zwei Dinge: Wenn man Kinder oder Säuglinge beerdigen muss – das tut weh. Das ist schlimmer als wenn jemand ein langes Leben gelebt hat. Und: wenn jemand tagelang in seiner Wohnung lag und niemand ihn gefunden hat. Einsame alte Menschen. Wenn man dann die Wohnung betritt, hilft nur eins: eine tiefe Nase nehmen.«

»Wegen der Adaption?«

»Genau. Dann gewöhnt man sich an den Geruch und kann agieren. Sonst haut es einen um.«

Ich fasse in den Sarg, streiche über das Ölpapier und versuche mir vorzustellen, dass jemand hier drin liegt. Dass Mama in so etwas liegt. Nicht vorstellbar. Ich begreife es nicht. Ich fühle mich komisch. Neugierig. Distanziert. Konzentriert. Aber nicht emotional. Wahrscheinlich bin ich gerade genauso wie Herr Kiste mit seinen Kunden. Die Tür geht auf, eine Frau kommt rein, ihre Mutter werde wohl bald sterben und sie wolle sich schon einmal erkundigen. Herr Kiste vertröstet sie, da ich ja gerade da bin. Jetzt schüttelt es mich. Ich wäre nie zu einem Bestatter gegangen, während Mama im Krankenhaus geschlafen hat. Das hätte ich nicht gekonnt. Schon einmal vorbereitend die Bestattungskosten ausloten und den Ablauf planen? Da bin ich wohl anders gestrickt.

Bestatter Kiste findet das natürlich nicht schlecht. »Die Menschen sollten mehr in die Planung gehen. Dann würden sie sich auch nicht wundern, was das alles kostet und wie viele Entscheidungen es zu treffen gibt. Welche Art der Bestattung? Feuer, Wasser, Erde? Urne oder Sarg? Welche Blumen? Welche Worte in der Anzeige? Dankeskarten – ja oder nein? Leichenschmaus oder nicht? Die meisten Menschen rufen an und wollen einen Kostenvoranschlag, ohne über diese Dinge nachzudenken.«

»Ich denke, wir wollen das Ende nicht so gerne planen. Unwahrscheinlich, dass sich da etwas ändert. Wobei: Die Urnen sind ja auch bunter geworden.«

»Eben!«

Und diese Urnen sind kein Schnäppchen. Ab 780 Euro aufwärts leuchten sie mich an. Handbemalt und biologisch auflösbar für den Friedewald, laut Herrn Kiste immer noch ganz oben auf der Beliebtheitsskala, Grabpflege scheint out zu sein. Mama ist also mal wieder Trendsetterin, sie wollte nicht, dass wir ihr Grab bepflanzen, jäten und gießen müssen, ihren Baum hat sie sich selbst ausgesucht. Meine moderne Mama. Bauchig, matt glänzend, sogar mit Landschaftsmotiven, Vögeln oder Engeln stehen die Gefäße vor mir. Ebenfalls im Trend, wie ich erfahre: Aus der Asche Diamanten pressen oder etwas Dünger in die Urne geben, auf dass aus dem Verstorbenen ein Bäumchen wächst, wobei Letzteres, laut Kiste, nur in Holland möglich und eine rechtliche Grauzone ist. Denn in Deutschland sind zwei Dinge verboten: menschliche Asche in private Hände zu geben oder sie zu verunreinigen wie im Falle der Baumnummer. Denn die Wiedereinfuhr ist dann kein Mensch mehr. Kompliziert. Ich würde auch keinen Baum aus Mama machen wollen – außer die Natur übernimmt das. Die Diamantenidee finde ich noch gruseliger. Aber die meisten Menschen nehmen sowieso Abstand davon, wenn das liebe Geld ins Spiel kommt. Kostenpunkt: ab 7000 Euro aufwärts. Das ist dann doch zu viel für den Leichenschmuck. Vor meinem geistigen Auge tun sich abartige Bilder auf. Schnell weg damit.

Jetzt stehen plötzlich zwei Stromoptimierer in der Tür. »Wir wollen Ihnen helfen, Strom zu sparen. Sie haben doch bestimmt Interesse dran. Haben Sie eine Kühlung hier?«

Herr Kiste lacht: »Nein, ich kühle hier niemanden.«

Der Mann ist verdutzt.

»Das ist hier nur eine Filiale, in der beraten wir. Und gewechselt habe ich gerade erst. Danke.«

Die Männer wirken enttäuscht, dass hier keine toten Seelen schockgefrostet ums Eck liegen, und gehen wieder. Ich packe auch meine Sachen zusammen. »Eins interessiert mich noch: Glauben Sie an Gott? Oder daran, dass die Toten mit uns kommunizieren?«

»Nein, Gott gibt's nicht. Aber sagen Sie das nicht dem Pastor.«

Wir schmunzeln. »Ich gehe immer bei meinen Schwiegereltern und meiner Oma am Friedhof vorbei und grüße: ›Moin, Oma, wie geht's?‹, gucke mir das Grab an und gehe wieder. Aber, glauben Sie mir, ich habe zu viele Tote gesehen. Es gibt nichts Friedlicheres als einen natürlich Verstorbenen. Aber mit denen schnacken, das mache ich nicht. Das können die nicht mehr.«

»Und was ist mit der Seele?«, frage ich, schon fast in der Tür.

»Na ja, eigentlich gibt es die nicht. Aber ich hatte mal ein Erlebnis, da dachte ich, das muss sie sein. Als vor Jahren mein lieber Schwiegervater verstarb, öffnete die Krankenschwester plötzlich unmittelbar danach das Fenster und mir war, als würde etwas durch mein Gesicht gehen wie ein warmer Wind und dann nach draußen fliegen. Meine Schwester, die neben mir stand, hatte genau den gleichen Eindruck. Aber erst später konnte ich mir einen

Reim darauf machen, als wir unsere Katze einschläfern mussten und die Tierärztin auch das Fenster öffnete und sagte: ›Wir lassen die Seele jetzt mal hinausfliegen.‹«

Was ziehe ich zur Beerdigung an?

*G*anz ehrlich: Das kann ja nicht ernsthaft ein Kapitel werden. Tatsächlich beschäftigt mich dieses Thema aber seit Tagen. Es fing an mit einem Facetime-Anruf meiner Cousine Britta:»Was sollen wir denn anziehen?«

»Äh … Schwarz vielleicht?«

»In Kanada trägt man gar kein Schwarz mehr. Oder zumindest nicht komplett.

»Okay.« Eigentlich wollte ich das, komplett in Schwarz gehen. Aber je länger ich darüber nachdenke: warum eigentlich?

Anruf von meiner Freundin Julia:»Du wirst ja wohl ganz in Schwarz gehen?«

»Ich bin mir nicht mehr so sicher. Vielleicht auch nicht.«

»Das werden bestimmt einige total unangemessen finden.«

»Hmmm.« In meinem Kopf rattert es. Mal davon abgesehen, dass ich eine wunderschöne schwarze Schluppenbluse besitze und einige feine schwarze Businesshosen, Lederleggins und Jeans – etwas Schwarzes hat ja jeder im Schrank – was wäre mit Nicht-Schwarz? Würde das bedeuten, dass ich weniger traure? Wohl kaum. Ich stehe vor dem Spiegel und ziehe über das schwarze Outfit einen schwarzen Wollblazer. Igitt. Der Blazer landet in der Ecke. So schwarz ist ja auch nichts. Eigentlich finde ich es gut, wenn man nicht mehr im Komplett-Look kommen muss. Und was interessieren mich die anderen eigentlich? Ich erinnere mich an unzählige Veranstaltungen in meinem Leben, die mir damals wichtig erschienen: Der Abi-Ball, der RTL-Nord-Newshunter (eine Art interne Oskar-Verleihung für Mitarbeiter), die Taufe meiner Tochter, die Hochzeit eines gutes Freundes. Bei fast jedem Event gab es jemanden, der nicht passend gekleidet war oder mit seiner Wahl total danebenlag. Aber hatte derjenige weniger Spaß oder ein Problem? Höchstens wenn er oder sie ein Hörgerät dabeigehabt und die Klatsch- und Tratsch-Konversation in den Toilettenvorräumen belauscht hätte. Meistens sind besonders diese modischen Fauxpas besonders besoffen und happy nach Hause gegangen. Gerne auch zu zweit. Und hatten vermutlich die bessere Party als die Verkniffenen, die beim Nachziehen der Lippenkontur deren Outfits durch den Kakao gezogen haben.

Natürlich geht es hier nicht um eine Party – es geht um den Abschied meiner Mutter. Es ist irgendwie meine Party, nicht die der anderen, ich mache die Regeln. Als mir das klar wird, weiß ich sofort, was ich anziehe. Die schwarze Schluppenbluse bleibt, obendrüber ziehe ich eine rosafarbene, blazerähnlich geschnittene Strickjacke eines französischen Labels, die meine Mutter so sehr an mir mochte, dass sie sich das Teil am liebsten selbst noch ans Krankenhausbett bestellt hätte. Für Mama trage ich das, was Mama am liebsten an mir mochte. Sie fand die Jacke elegant und erwachsen. Mein Mann findet sie sehr Berlin-Mitte, was als Bayer eher nicht so gut ist. Aber das spielt jetzt mal keine Rolle. Der Look steht.

Meine Freundin Julia, die mir das gute Stück verkauft hat, ist dennoch etwas entsetzt: »Die willst du anziehen? Echt?«

»Ja.« Ich bin mir so sicher, dass mich nichts mehr erschüttern kann. Höchstens, wenn Mama am Vorabend durch meine Träume spuken und sagen würde: »Anna, wirklich, ein bisschen mehr Trauerflor wäre mir lieber.« Aber macht sie nicht. Und ich denke: Warum leben wir so zwanghaft? Warum muss ich fast einen Tag lang nachdenken, um bei diesem Ergebnis zu landen?

»Und wenn dir jemand was sagt, antwortest du, es sei nun mal etwas, was deine Mutter besonders an dir geliebt hat, und das ist nicht mal gelogen«, rät mein cleverer Mann. »Und dann kann sich die dreiste Person, die das Thema angesprochen hat, mal richtig schlecht fühlen.«

Recht hat er. Ein paar tiefschwarze spitze flache Stiefel kaufe ich mir noch – dann bin ich fertig. Später werde ich feststellen, dass sich niemand um meine Kleidung Gedanken gemacht oder irgendeinen Kommentar abgegeben hat. Für mich selbst aber war das »Gedanken-Denken« gut. Denn auch hier gilt: alles in Liebe für den Verstorbenen.

Mamas Rolex wird mich an diesem Tag genauso begleiten wie ihr kleines Goldarmband, beides hatte sie mir schon vor einiger Zeit geschenkt. Es tut einfach gut zu wissen, dass es ihr gefallen hätte. Mit einem guten Gefühl lege ich alles zurecht. Wie viele Gedankenschleifen sich um ein Stück Textil ranken können! Aber es war ein Kapitel wert.

Was rät denn der Hausarzt eigentlich?

eulich hatte ich eine verrückte Idee: Vielleicht kann mir mein Hausarzt ja helfen? Womit, wusste ich selbst nicht so genau. Irgendwie beim Trauern. Wenn ich diesen steinigen Weg schon gehen muss, dann mit größtmöglicher Unterstützung, hatte ich mir überlegt. Dr. Kuchenbein ist ein offener Schulmediziner, der immerhin so offen ist, mir gegenüber einzugestehen, dass er keine Ahnung habe.

»Was wollen Sie denn haben? Psychopharmaka?«, fragt er.

Ich: »Nein, auf keinen Fall.«

»Können Sie denn schlafen?«

»Wie ein Baby!« (Mit meinen Mikronährstoffen, genauer zwei Melatonin aus Amerika und einer Vitamin B-Stress-Pille mit Baldrian ..., denke ich.)

»Also kein Schlafmittel. Brauchen Sie Beruhigung? Tavor? Antidepressiva werden gerne genommen.«

»Aber ich will doch den Schmerz akzeptieren, durchleben und wieder nach vorne blicken. Wie soll mir denn da die Betäubung helfen?«

»Ähm ... na ja. So machen wir das aber immer. Und die Leute wollen das ja so. Eine Pille für alles.«

»Tut mir leid. Aber das halte ich für Blödsinn und kontraproduktiv.«

»Wie wäre es denn mit etwas Pflanzlichem? Baldrian?«

»Nehme ich sowieso.«

»Verhaltenstherapie?«

»Die, die so was anbieten, brauchen doch meist selbst eine. Nein, von Psychologen kann ich mir nichts erklären lassen. Wenn dann eher ein praktischer Coach.«

»Das kann ich nicht verschreiben.«

»Das ist schlecht. Dann kommen wir wohl nicht zusammen.«

»Das tut mir leid. Falls sie da jemand Guten finden sollten, der auch parallel Verhaltenstherapie anbietet und den ich meinen Patienten verschreiben kann, rufen Sie mich doch noch mal an? Darüber wüsste ich dann gerne mehr.«

Klar, gern. Habe ja sonst nichts zu tun. Ich lege auf und denke mal wieder, was ich seit Jahren denke: Ein Hausarzt ist die letzte Anlaufstation für mich. Das sind nur Rezepteausteiler ohne Ahnung rechts und links der üblichen Arzneiwege. Und verschrieben werden darf nur, womit die Pharmaindustrie Geld verdienen kann. Ich schlucke gerne Magnesium, Alpha Liponsäure und Q10 Ubiquinol. Letztes verursacht zumindest in mir das Gefühl eines Kurzurlaubs, wenn man es ordentlich dosiert und nicht so homöopathisch wie es in Deutschland verschrieben wird. Achtung, Expertenwissen! Ich kann entspannen, gleichzeitig ist Q10 der Knaller fürs Herz. Besser als jegliches Valium, Tavor & Co. Warum soll ich mich betäuben? Ich will durchleben – und wenn möglich, ein paar Knieschützer und Brustkorbprotektoren dafür bekommen. Mehr nicht. Ich will ja nicht den Weg vermeiden. Ich will ihn gehen, damit es besser wird. Aber stehenbleiben und den Kopf wie ein Vogel Strauß im Erdinneren versenken? Das ist doch keine Lösung.

Mama hat immer auf die Schulmedizin vertraut. Bis zuletzt. Ich werde es bewusst anders machen: Schulmedizin kombiniert mit Ganzheitsmedizin. Was ohne Chemie geht, löse ich lieber über Mikronährstoffe. Und so werde ich es auch mit der Trauer machen. Auch wenn sie mir Angst macht. Dann lieber von innen stärken und das wilde Tier bei den Hörnern packen, bis es ruhig ist. Hätten sie Robert Redford in *Der Pferdeflüsterer* nicht flüstern lassen, sondern das Tier unter Psychopharmaka gesetzt, hätte das Pferd nie mitgemacht. Außerdem hätten die Kinokassen nie geklingelt und Scarlett Johansson würde heute noch Burger servieren.

Ich werde die Trauer anflüstern, bis sie mir gehorcht und mittrabt.

Essverhalten in der Trauerphase

$\mathcal{E}$ssverhalten in der Trauerphase? Welches Essverhalten? Welches Verhalten überhaupt? Nahrungsaufnahme nach einem Trauerfall ist genauso wie mit einem Neugeborenen: Man isst, wenn man dazu kommt. Ich, wenn ich Kopfschmerzen bekomme. Zumindest in den ersten Wochen nach Mamas Ableben. Danach kommt die Ich-habe-immer-Hunger-Phase, die sich nur durch grüne Smoothies aufhalten lässt. Denn ansonsten isst man alles durcheinander. Derzeitiges Stadium: genau da. Gestern brauchte ich dringend Pommes mit Curryketchup, in Erinnerung an diverse Strandnachmittage mit Mama und meiner liebsten Sandkastenfreundin Julia. Da Mama mir schlecht Gesellschaft leisten konnte, musste Julia, frisch entbunden, mit mir zur nächsten Bude in Timmendorfer Strand schieben und aluminiumhaltige Kartoffelteile konsumieren. Es tat gut. Danach gab es daheim Eis, wie nur Mama es in die Waffel gepresst hatte. Gefolgt von Lübecker Marzipan und heißer Schokolade – natürlich mit Sahne. Mama wäre stolz auf mich gewesen. Butter-Sahne-Milch-Weizen – das Leben meiner Mutter und ewiger Grund für unsere Streitereien bei fortschreitender Krebserkrankung. Ich, ein Foodie aus dem Bilderbuch, as vegan as possible, wenn, dann Bio-Rindfleisch, grüner Smoothie jeden Morgen, Grünteetrinker, Mikronährstoffjunkie. Meine Mutter, ein Kriegskind, die selbst nach meinen Unverträglichkeitstests und Schmerzen nach dem Essen noch zu sagen pflegte: »Nein, das ist alles ohne Sahne. Vielleicht nur eine Messerspitze.«

Unsere Ernährungsgewohnheiten: ein ewiger Streitpunkt. Sie hat nie verstanden, was für eine Odyssee ich hinter mir hatte, von Arzt zu Arzt, bis ich begriff, dass es bestimmte Lebensmittel und eben auch die Kombination waren, die mich müde, dick und übellaunig machten. Wer stellt schon seine Ernährung ohne Leidensdruck um? Niemand. Nur mit Motivation. Schöner, jünger, dünner, gesünder – schmerzfrei. Das will doch jeder. Meine Mutter nicht. Sie wollte Genuss. Kuhmilch. Crème fraîche. Butterschmalz. Kein Kokosfett. Keine Soya Cuisine. Kein Olivenöl. »Igitt! Das schmeckt doch nicht!«

Und obwohl ich diese Dinge seit Jahren meide, muss ich sie jetzt essen. Milchschnitte wie in den 80ern, warmes Croissant mit Butter on top und Erdbeermarmelade wie in den 90ern und Cini Minis mit Kuhmilch wie in der Studentenzeit in Hamburg, gefolgt von Tiefkühlpizza an Wochenendbesuchen zu Hause. Mir ist schlecht. Mein Körper will das alles nicht. Ich im normalen Leben auch nicht. Und kaufe trotzdem den Mandelkranz, den sie immer gekauft hat. Um dann zu McDonalds zu gehen, was ja heutzutage gar nicht mehr als Lebensmittel gilt, so viel Plastik und Pressspan, wie da drin ist. Ich bestelle, was Mama bestellt hat, wenn wir zu jeder neuen Saison einkaufen gegangen sind. Denn vor dem Latzhosen- und Sandalenkauf oder Thermostiefel-Schneeanzug-Shopping in Lübeck gingen wir immer in der Holstentorstraße zu McDo. Zweimal im Jahr Fastfood. Das war ein Event und nichts Böses. Mama aß immer einen FishMac, Pommes mit Ketchup und trank dazu einen Vanillemilchshake. Ich glaube, sie war dann auch immer ein bisschen in Amerika, ihrem früheren Leben. Als ich genau das an einer Autobahnraststätte bestelle, fragt mich mein Mann, ob das mein Ernst sei oder ich jetzt vollkommen ausflippe. »Ja«, sage ich und grinse. Ich will's nun mal so, wie Mama es mochte. Auch wenn's Plastik ist. Sicher, negative Gelüste sind nicht gesund, aber wenn meine Seele lächelt, ist es gut. Wie mein Umweltmediziner erster Wahl Dr. Nappiwotzki sagen würde: »Wenn Sie die Kippe denn nun unbedingt brauchen, dann zücken Sie das verdammte Feuerzeug. Aber schmeißen Sie im Anschluss eine Vitamin-C-Kapsel hinterher!«

Ich muss das negative Gefühl annehmen, lese ich, als Lebensabschnitt akzeptieren, der vorübergeht, und die Hoffnung bewahren, dass es irgendwann weniger wehtut, ohne Mama zu sein. Wenn mir dabei kurzzeitig ein Milchshake hilft, ist das okay. Außerdem wird mir mein Bauch da ohnehin nicht allzu viele Ausflüge erlauben.

Nur mal so unter uns: Wenn Sie einen Trauernden unterstützen wollen, stellen Sie sein Essverhalten nicht infrage. Es wird sich wieder einpendeln. Und wenn der geliebte Mensch nun mal gerne Rührei mit Speck und Banane aß, lassen Sie den Trauernden das essen. Sollte es allzu arg werden, mixen Sie ihm einen grünen Smoothie für den Tag danach und stellen den in den Kühlschrank. Neben die Kinderschokolade mit Hormonmilch. Und wissen: Auch diese Phase geht vorbei, Rituale können helfen, durch die Trauer zu tragen, auch wenn sie noch so bescheuert sind und nur aus Fischabfällen und Gluten bestehen. Besser Blödsinn essen, als die Trauer die Seele auffressen lassen.

Wie gestalte ich eigentlich eine Beerdigung?

*I*ch wache auf, die Vögel zwitschern, mitten im Februar singen sie, als wäre nichts passiert, und ich denke: Oh Gott, es ist kein Albtraum gewesen. Es ist die erste Beerdigung meines Lebens, die ich so wahrnehme: roh, extrem und ungefiltert. Und die erste, die ich organisiere, und die schlimmste, die ich mir vorstellen kann. Neben der Tatsache, dass ich damit fertig werden muss, dass Mama nicht mehr da ist, soll ich mir überlegen, wie ich mich verabschieden will? Ganz offiziell. Erster Reflex: Mama anrufen. Fragen, was zu tun sei. Das fällt aus. Ich ringe in einem Seelenkampf, Mensch! Und dann soll ich auch noch funktionieren? In welcher Gesellschaft leben wir denn? Neulich las ich einen Spruch: »Fünf Prozent fühlen mit dir, der Rest ist neugierig.«

Ja, gierig sind sie auf das Leid anderer, an dem sie sich ergötzen können, um dann nach Hause zu gehen und zu denken: Bei mir ist es zum Glück besser. Oder: Noch bin ich nicht dran. So simpel ist der Mensch.

»Und die, die am lautesten weinen, sind oft nicht die, die dem Verstorbenen besonders nah waren, es sind die Menschen, die sich am meisten vor dem eigenen Ende gruseln«, sagt meine Lieblingsnachbarin Hanne immer. Und je länger ich darüber nachdenke, komme ich zu dem Schluss, dass die Trauerfeier zwar viele Gesichter zählen wird, aber eigentlich nur für uns ist. Für meinen Vater, für meinen Bruder, für mich. Für niemanden sonst. Wenn ich denke, dann diesen Gedanken.

Jetzt wird immer klarer: Die Beerdigung, die Trauerfeier muss zu Mama passen. Ein Gefühl der Sicherheit sackt durch meinen von Trauer beschwerten Körper und scheint ihn etwas anzuheben. Ich werde all meine Liebe in jedes noch so kleine Detail der Beerdigung stecken, alles für Mama, auch wenn sie nicht mehr dabei ist. Und das fühlt sich gut an.

Monate später lese ich, dass dies auch laut Psychologen und Trauerbegleiter der richtige Weg ist. Indem wir diesen letzten Abschied im Sinne des Verstorbenen und mit all unserer Liebe gestalten, drücken wir den Startknopf für den inneren Heilungsprozess. Und in mir reift der Plan – unabhängig von diesem Wissen. Mamas liebste Blumen waren bunte Tulpensträuße und rosa Rosen. Mama mochte Jazz und Soul und die Beerdigungen der Schwarzen mit fröhlicher Musik. Mama hat viel gelacht, war mutig, traurig, auch mal depressiv, aber voller Lebensfreude. Sie lief gerne barfuß, trug am liebsten Jeans, Blazer und T-Shirts mit der Amerika-Flagge. Sie hatte eine enge Beziehung zu Campbell-Black-Bean-Soup-Dosen, dem MOMA und Patrick Swayze. Und wenn sie englisch sprach oder mein Bruder sich am John F. Kennedy Airport in den Flieger gesetzt hatte und ins norddeutsche Dorf kam, war sie zehn Jahre jünger. Sie konnte Rilke und Goethe zitieren wie eine Germanistik-Studentin, obwohl sie nur eine Ausbildung zur Friseurin und zur medizinisch-technischen Assistentin gemacht hatte.

»I got you, Mama«, denke ich. Also was brauche ich?

1. Soul-Sängerin
2. Tulpensträuße
3. Fotos von Mama aus verschiedenen Lebensaltern
4. Lieblingsgedichte

Der erste Versuch, eine Sängerin über einen Kirchen-Gospel-Chor aus unmittelbarer Umgebung aufzutreiben, scheitert folgendermaßen:

»Wie? Sie wollen Ihre eigene Sängerin mitbringen? Da kann ja jeder kommen!«, sagt ein widerlicher Typ, der in der nächsten Ostsee-Gemeinde einen Chor leitet. »Ich rate Ihnen, sich bloß mit dem Kirchenmusiker Ihrer Kirchengemeinde gutzustellen. Der entscheidet das – nicht Sie.«

Ich zittere vor Wut: »Wieso? Es ist doch meine Beerdigung, oder?«

Der Mann wird noch ekliger: »Ja, aber es muss ja Niveau haben. Wer weiß, wen Sie da anschleppen wollen? Soll ich Ihnen mal eine echte Sängerin empfehlen? Außerdem: Es ist bestimmt nicht Ihre Beerdigung. Es ist die der Kirche, die Sie wählen. Die entscheidet – Sie doch nicht.«

Und so was muss ich mir anhören? Ich, die gerade ihre Mutter verloren hat? Ich sage: »Wissen Sie, das ist ganz einfach: Wenn meine Kapelle da nicht mitmacht, lege ich meine Mutter eben so lange auf Eis, bis ich einen Kirchenverein finde, der mitmacht. Im Übrigen: Ich will ja etwas mit Niveau. Deswegen will ich ja etwas anderes als das, was Sie sonst machen. Und eben nicht schwules Orgelgeleier.«

Ich lege auf und weine eine Kleenex-Packung leer. So kann man doch nicht mit einem Menschen umgehen, der sich im Ausnahmezustand befindet! Als Nächstes rufe ich die Blumenhändlerin an. Frau Drechsler kennt meine Mutter seit 40 Jahren. Sie weint das halbe Telefonat mit mir. Das ist schön und schrecklich. Trösten ist etwas, was man eigentlich nicht lernen kann. Es ist eine Kunst, die direkt aus dem Herzen fließt. Manchmal bedeutet es auch nur, schweigend oder weinend mitzuleiden. Eine Hand zu drücken. Eine Erinnerung zu beschreiben. Ein Foto in einen Umschlag zu legen und zu schreiben: »So wird sie immer in meiner Erinnerung weiterleben.«

Frau Drechsler fängt sich und sagt: »Ich weiß genau, was Sie wollen. Sie wollen die Art von Strauß, die Ihre Mutter gerne verschenkt hat, wenn sie eingeladen war. Bunte Tulpen. Zarte Rosen. Florale Lebensfreude.«

»Ja, genau. Und keine Kränze!«

»Und keine Schleifen. Ja, das ist Ihre Mutter. Und für die beiden kleinen Enkel machen wir ein kleines weißes Herz aus Rosen. Ich stelle die Kapelle voll Vasen. Es wird wunderschön.« Erleichtert lege ich auf und denke nur: Ja.

Danach piepst mein iPhone, der beste Freund meines Bruders hat Soul-Sängerin Astrid North organisiert. Mehr geht nicht. Wir werden mit ihrem wunderbaren Song *Lightning* starten, den ein enger Freund meines Bruders, Camous, mit ihr in New York geschrieben hat, und enden mit einem wunderschönen Gospelsong, bei dem alle mitklatschen. Positiv.

Dann wälze ich Fotoalben von Mama, maile mit meinem Bruder Andy. Die fünf schönsten Bilder von Mama werden bearbeitet von meinem Mann, auf Leinwand gezogen. Groß und wunderschön. Ein Modelbild aus den 60ern in Schwarz-Weiß, ein Schnappschuss auf der Uwe-Düne auf Sylt mit Mitte 40, vom Tag meiner Einschulung, ein Foto vom Skiurlaub mit meinem Vater und eins mit 73 beim Patiencelegen, wieder im Sylturlaub.

Plötzlich ruft mein Vater an und erzählt, er habe ein Tagebuch meiner Mutter gefunden. Darin seien Zitate über den Tod. Ach, Mama, denke ich. Hilfst du mir gerade? Mein Mann wird zwei Gedichte vorlesen, mein Freund Sascha, der zehn Jahre lang Radiomoderator war, mit seiner sonoren Stimme einen Psalm lesen. Alles ist aus einem Guss. Und ich falle erschöpft ins Bett. Ich werde meine Mutter so verabschieden, wie sie gelebt hat, und kein Stück anders. Der Gedanke tröstet mich. Der anschließende Leichenschmaus wird in einem ihrer Lieblingshotels stattfinden. Statt belegter Brötchen gibt es Minestrone, Mini-Pizzen und Butter-Mandel-Kuchen. Entgegen den netten Vorschlägen – oder Entgleisungen – anderer Mitmenschen aus dem Freundeskreis meiner Eltern, das Ganze doch im Landgasthof nebenan stattfinden zu lassen. Mit Plastiktischdecken und Blumengestecken.

»Meine Mutter hatte immer gestärkte Servietten! Wir gehen doch auch nicht an die nächste Tanke und essen eine Bockwurst!«, erkläre ich meine Entscheidung. Bald sagt keiner mehr etwas. Auch mein Vater ist mit meiner Wahl glücklich.

Am Tag der Beerdigung liest mein Mann sein Gedicht mit glänzenden Augen vor:
»Eines Morgens wachst du nicht mehr auf.
Die Vögel aber singen, wie sie gestern sangen.
Nichts ändert diesen Tagesablauf – nur du bist fortgegangen.
Du bist nun frei. Unsere Tränen wünschen dir Glück.«

Seelenzustand kurz vor Beerdigung: beschissen

*E*s ist kurz vor der Beerdigung und ich bin mehr als nervös. Mein feinstofflich-denkender Arzt Dr. Schlickewei hat mir schon vor zwei Jahren gesagt, ich müsse dringend ins Saarland zu einer gewissen Claudine Beer fahren und mich mal etwas seelisch aufräumen lassen. Das könne hilfreich sein. Nicht im Sinne von, da fehlt eine Schraube, eher nach dem Motto: einfach mal ein bisschen anziehen und neu justieren.

Mein Auto bringe ich ja auch regelmäßig in die Werkstatt, warum also nicht auch meinen Körper oder die Seele, die darin wohnt? In New York völlig normal. Da geht man zum Therapeuten wie andere zum Dorffriseur, um sich für die nächste Hochzeit Korkenzieherlöckchen drehen zu lassen.

Ich sehe das Ganze als Wartungsarbeit an mir und fahre ins Saarland. Frau Beer ist herzenswarm, alleinerziehende Mutter und lebt im sympathischen Chaos. Sie erklärt mir, dass meine Aura löcherig sei und dass wir die mal neu aufbauen müssen. Ich bin über 600 Kilometer hergefahren, also auch bereit, die Hülle über der Hülle aufzupolieren. Und so liege ich auf einer Liege, Frau Beer daneben, die mich behandelt, ohne mich zu berühren. Ich darf reden oder nicht reden, Augen öffnen oder schließen. Das gefällt mir. In meinem überdurchschnittlich stark artikulierten Leben entscheide ich mich ausnahmsweise mal für »Mund zu«. Und stelle fest, es ist angenehm. Ob da etwas passiert, weiß ich nicht. Aber wer nicht probiert, weiß noch weniger. Irgendwann piekst es mich in die Wange und ich frage mich, warum sie mir nicht gleich gesagt hat, dass sie Akupunkturnadeln setzen wird. Egal. Ich werde müde. Irgendwann zieht sie die Nadel sanft raus und ich sage: »Dass sie auch Akupunktur machen, hätten sie mir aber verraten können.«

»Hat es sich so angefühlt?«, fragt sie und lacht.

Und ich – in Gedanken bei einer chinesischen Ärztin Min Hau Ching, die mich vor elf Jahren mit Nadeln malträtiert hatte und ich damals noch dachte, meine Unruhe würde sich so bekämpfen lassen, um dann nach einer sehr hohen Rechnung und dem Verzicht auf Gluten festzustellen, dass ich einfach mal die Ernährung hätte umstellen müssen – sage: »Ja, natürlich.«

Bei Frau Beer wippen die Locken, als sie lacht: »Es war keine Nadel im Spiel.«

Ich wundere mich etwas, zumal ich die Einstichstelle deutlich spüre. Als ich gehe, fühle ich mich leicht. Ein Gefühl wie nach dem Besuch einer engen Freundin und guten Gesprächen, nur intensiver, wie eingekuschelt und die Decke um den Körper festgestopft. Als Tipp gibt mir Frau Beer den Rat mit: »Bitte immer wieder die Aura stärken und neu aufbauen.« Wie das geht, soll ich im Buch mit dem vielversprechenden Titel *Energievampire* nachlesen und dann täglich üben. Nach dem Konsum des Buches, das erst ganz gut anfängt und mir dann doch zu extrem wird, liege ich oft im Bett und stelle mir vor, ich sei ein Igel, der seine Stacheln so abstehen lässt, dass jeder auf mich fallende Apfel vorher laut: »Neeiiiiiiiiiiiiin!« ruft. Wie Homer Simpson, wenn er merkt, dass er einen Fehler gemacht hat.

»Warum ist meine Aura löcherig?«, wollte ich noch wissen.

»Sie sind sehr emphatisch und offen. Das ist nicht immer gesund«, war Frau Beers Antwort.

Ich plane also, hin und wieder »zu« zu sein. Nicht zu sehr. Aber so, dass mich nicht mehr jeder zweite ostdeutsche Verkehrsteilnehmer an der nächsten Ampel verprügeln will, wenn ich als Wessi das in Sachsen unbekannte Reißverschlussverfahren angewendet habe. So sehr, dass ich im MDR eine Barauszahlung bekomme, wenn ich mit dem richtigen Antrag und der Unterschrift des Chefs – allerdings auf der falschen Linie – an der Kasse stehe und ich mir von der dunklen Gestalten so auraunheilverkündende Sätze anhören muss wie:»Sie dengen wohl, nur weil sie Möderadörin sind, sind Sie woas Besseres, Frau Funck. Das hilft Ihnen hioar och nisch. Nisch, wenn die Unterschrift äuf der falschen Linie steht.« Ich bleibe so sehr »zu«, bis ich mit den Scheinen in der Hand davonstolzieren kann. So »zu«, dass mich kein Rentner mehr am Ausparken hindern kann, um mich zu erziehen, wie ich korrekt hätte parken sollen.

Denn so was passiert nur Menschen mit Loch-Aura. Doch irgendwie habe ich den Eindruck, dass es mir nicht so recht gelingt, ein Igel zu werden. Vielleicht liegt es auch an mir, daran, dass ich Igel eigentlich süß finde, seit ich einen für einen RTL-Reporter-Job retten und fake-pflegen musste. Die sind doch putzig und pieken null, wenn man sie richtig anfasst. Vielleicht brauche ich ein anderes Tier? Eine Qualle vielleicht? Versuche, alles glitschig an mir abgleiten zu lassen, und wer's nicht versteht, wird eben feuerquallenmäßig verbrannt. Fürchtet sich jedes Ostseekind vor.

Dann kommt der Tag der Trauerfeier. Plötzlich bin ich fleckig wie ein alter Kamin. Meine Hände zittern. Mir ist schlecht. Ich stehe früher auf als alle anderen, wasche Haare, wickle sie auf Heißwickler. Ich werde diese Trauerfeier so abhalten, wie es Mama entspricht. Ich schmiere Produkte ins Gesicht, die ich normalerweise nicht kaufen würde. Der Teint ist gleichmäßig, die Flecken verschwinden, vermutlich unter kleinen Plastikpartikeln aus Hongkong … Mir heute egal. Darüber kommt Make-up. Die Haare sitzen nach der Wärmeprozedur. Die Nägel sind lackiert, die Brauen gezupft, die Seidenschluppenbluse gebügelt, die Schuhe gegen norddeutschen Niesel imprägniert. Haarspray, Parfüm, Zähneputzen. Und plötzlich merke ich, ich habe es geschafft. Ich bin ein Igel. Ein hübscher, mit gelackten und festgesprayten Stacheln. Did it my way.

Plötzlich verstehe ich, was Claudine Beer gemeint hat. Nur dass es bei mir eben auch über die Hülle läuft. Meine Seele ist ganz ruhig. Noch bevor ich die bestellte Tavor nehmen kann, die mein Schulmedizin-Vater mir irgendwann im Laufe des Morgens vor die Nase gelegt hat. Ich bin »zu«. Dank Parfümerie, Primer und Haarspray. Meine Nase auch. Aber das zählt nicht. Es gilt nur, den Tag durchzustehen. Ich schaffe das. Und ich denke an meine Mutter, die immer so stark war, so stolz, so souverän, und bilde mir ein, ich könnte heute wie sie sein. Und nicht ihre Tochter, die sich für den Rest ihres Lebens verabschieden muss.

»Du bist ins Leere entschwunden, Mama, aber im Blau des Himmels hast du eine unfassbare Spur zurückgelassen, im Wehen des Windes ein unsichtbares Bild«. Geschrieben hat das Rabindranath Tagore, gefunden habe ich es in einem von Mamas kleinen Gedichtbändchen und dieses Bild fühle ich heute. Mit meiner Seele, die ich für Außenstehende verschließe. Nur du darfst rein. Immer und für immer.

Innenfrühjahrsputz: was ich anders machen werde als Mama

Seit Tagen lese ich »meine Mutter«: die Bücher, die zuletzt neben ihrem Bett lagen, Zeitungsartikel, die sie ausgeschnitten hat, Postkarten, Fotos und Aufzeichnungen, Tagebucheintragungen. Und ich bin so froh, dass es so etwas gibt. Ich wundere mich über mich selbst. Während mein Bruder erst mal gar nichts lesen kann und möchte, verschlinge ich jeden Satz, jede Zeile, jeden Artikel. Oft geht es um den Tod. Meine Mutter hatte sich vorbereitet. Sie wusste mehr als wir. Oft schreibt sie: »Hoffentlich bleibt mir noch etwas mehr Zeit.« Mit ihren Kindern, ihren beiden Enkelkindern, meinem Vater, zum Reisen. Aber es sollte nicht sein.

In einem Hospizartikel lese ich: »Es gibt keinen Testlauf für das Sterben, keine Regie. Der Tod ist immer die Uraufführung, wie ja auch das Leben keine Generalprobe kennt.« Sterbende sind alle unterschiedlich. Während Mama selbstbestimmt und in vollkommener Ruhe hinübergeschlafen ist, sterben andere nervös, hektisch, keifend, kämpfend. Eine Lungenkrebspatientin will noch eine letzte Kippe, Generäle wollen lieber Marschmusik als Mozart oder Meditationsklänge, einige schlafen ein, wenn man ihnen ihre Geburtstagspost vorliest, andere verlangen noch eine Tasse Kaffee und gehen, während man die Milch holt. Von einer Frau, die in ihrem Lieblingsabendkleid beerdigt werden wollte, ist die Rede, dazu bitte Wollsocken, das Kleid sei sehr dünn und sie habe Angst zu frieren.

Der Tod ist das Einzige, was mit Gewissheit auf uns wartet – und doch klammern wir ihn aus, schweigen ihn tot, verdrängen ihn bis ans Ende.

»Herr, lehre mich bedenken, dass ich sterben muss, auf dass ich klug werde«, heißt es im *Alten Testament*. Ich will auch klug werden. Aus Mamas Tod, der meine Welt neu ordnet. Ich denke viel über sie nach. Sie hat so viel ertragen, anderer Leute Fauxpas, anderer Leute Missgunst. Und ich entschließe mich, was ich von ihr annehme und was nicht. Ganz bewusst an einem Donnerstagabend. Da sitze ich vor ihrem Kleiderschrank und überlege, wie viel von ihr in mir steckt. Im Tatsächlichen wie im Seelischen. Während ich überlege, ob ich mir ihre Unnützer-Handtasche einverleibe oder nicht, überlege ich auch, gegen welche Persönlichkeitsmerkmale, die ich von ihr inhaliert habe, ich mich wehren werde. Und ich weiß gleich welche: Ich mache meine eigenen Spielregeln. Als Erstes lade ich den unangenehmen Familienteil von der Trauerfeier aus. Ein vom Neid zerfressener Teil, der nur stören kann.

Die Reaktion meines Vaters: »Das kannst du nicht tun, Anna. Da setzt man sich still in eine andere Bank in der Kapelle und erträgt sie.«

Ich: »Doch, das kann ich, Papa.«

»Aber das macht man nicht. Du musst die Form wahren.«

»Bitte entschuldige, Papa, ich habe dich wirklich lieb – aber ...« (um einen sehr lieben Ex-RTL-Kollegen mit charmantem Lächeln zu zitieren): »... einen Scheiß muss ich.«

Mein Vater ist überfahren von so viel Courage, auch gegen seine Meinung, fügt sich aber. Und ich denke: Ja. So mache ich es. Denn ich bin ich. Meine Mutter war wundervoll, aber ich werde mich auch ein Stück freistrampeln. Auch das bedeutet Trauer bewältigen. Mama ist immer bei mir, sie begleitet mich, auch in meinen Entscheidungen. Aber ihre Fehler, unter denen sie eigentlich immer gelitten hat, die werde ich nicht wiederholen. Und auch wenn sie jetzt protestieren würde, ich weiß, es würde ihr letztendlich gefallen. Ihren Putztick behalte ich. Auch ihre intellektuellen

Eindrücke vom Tod. Ihr Sterben wird auch bei mir bleiben. Irgendwie. Nur dass es sich verändern wird. »Der Tod ist Begrenzung, er kennt keine Zeit, aber er gibt der Zeit eine Bedeutung. Er ist auch immer ein Korrektiv, eine Gegenmacht und Ordnungsfaktor. Nur durch ihn erhält das Leben Sinn und Wert«, lese ich. Dann werde ich aufräumen. Mein Leben, mich, Mamas Vergangenheit. So wie ich irgendwann entscheiden werde, welche von Mamas Kaschmirstrickjacken ich behalten werde, so werde ich auch ihre Eigenschaften in mir entsorgen oder kultivieren. Ich will weniger höflich sein, wenn mir wer doof kommt. Ich will mich beschweren und den Finger mehr in die Wunde legen. Und ich will impertinenter werden, wenn ich etwas durchsetzen will. Das nehme ich mir vor, während ich in Gedanken mit Mama im Grünen Zimmer sitze wie so oft. Der Fernseher läuft, sie schläft schon und ich gebe ihr einen Kuss. Um 2.00 Uhr wird sie wieder wach sein, weil sie nicht durchschlafen kann, und in der Küche sitzen mit einem Buch und einer heißen Honigmilch.

Der Tod ist immer die Uraufführung. »Das Leben ist kein Probeleben«, sagt mein Freund Rainer immer.

Ich lebe mein Leben – für mich und dich, Mama. Ich werde mich selbst überraschen und generell das Beste daraus machen. Ich räume auf und bin dabei ich. Und ein Stückchen auch nicht. Anna 2.0.

Bin ich normal?

Jeden zweiten Tag frage ich mich: »Bin ich normal?«
»In der Regel trauert man ein bis zwei Jahre«, sagt Rainer zu mir, der seine Mutter verloren hat. Das mag sein. Andererseits stelle ich auch fest, dass Trauern doch etwas sehr Individuelles ist. Wenn der Tod plötzlich kommt wie ein Autounfall, ist das bestimmt schwerer als bei einer Krankheit. Wenn der Verstorbene sanft gegangen ist, ist es besser auszuhalten, als wenn er sich gewehrt hat. Mama leiden zu sehen, ist das Schlimmste, was ich bisher ertragen musste. Das eigene Leiden ist manchmal leichter. Ich kaufe eine Strickjacke, eine Flanellbluse, einen Sommer-Kaschmirpullover in dem Rot, das meine Mutter so gerne an mir mochte. Meine Kreditkarte scheint zu schluchzen, als sie durchs Lesegerät geratscht wird. Ich bin in Trauer – ich darf das. Die Verkäuferin freut sich mit mir, denn es ist der Laden meiner Freundin Julia, ein Familienunternehmen, und alle hier kannten meine Mutter. Julias Mama Margrit schenkt mir noch eine Brosche und drückt mich. Ein kurzer Switch von negativ zu positiv. Einmal Wechselbad, bitte. Oder wie meine Freundin Britta sagt: »Scheißegal, ob die Karte glüht. Du musst durch die schwere Zeit kommen – egal wie.« Egal wie. Das ist mein Stichwort.

Als wir gehen und die Reißverschlüsse gegen die kalte norddeutsche Januarluft hochziehen, sagt meine Tochter: »Mami, mein Schal riecht nach Omi!«

Ich nehme einen Zug wie ein Junkie und freue mich. »Haben wir ein Glück!«, antwortete ich ihr.

Wir lächeln. Auch so kann Trauer sein. Fröhlich. Ich denke an einen Moment, als wir mit der Familie vor dem Kamin saßen und mein Bruder eine Geschichte von unserer Mutter erzählte, die uns alle losprusten lies. Jeder hatte ein Glas Rotwein in der Hand, der gute Tropfen bekam besonders viel Luft. Wir lachten so laut, dass ich dachte: Dürfen wir das? Um mir dann zu antworten: Natürlich dürfen wir das. Mama hätte es nicht anders gewollt. Außerdem geben positive Momente Kraft, um die Trauer besser zu ertragen. Aber wie viele Menschen laufen wohl in unserem Alltag herum und fragen sich nach einem Todesfall: Ist das normal, was ich gerade tue, denke, fühle?

»Trauer ist kein Gefühl«, lese ich in einem Trauerratgeber. »Es ist ein Zustand, der mit verschiedenen Phasen einhergeht.« Im Kopf ist quasi emotionaler April: Wut, Bitterkeit, Schmerz, Angst, Entsetzen, Hilflosigkeit, Leere, Erleichterung. Alles wechselt sich ab. Oder auch nicht. Es gibt kein Schema bei dieser Karussellfahrt. Der eine ist lethargisch, der andere überaktiv. Und es ranken sich lauter Mythen und Märchen wie olles Efeu um die Bewältigung des Verlustes.

Nur weil der eine Mensch die Ärmel hochkrempelt, malocht und sogar lacht, trauert er nicht weniger oder ist weniger belastet als derjenige, der nur noch weinend auf dem Sofa liegt. Trauerarbeit kann immer stattfinden. Und den Verlust zu akzeptieren, muss auch nicht heißen, dass der Tote einen exorbitanten Stellenwert im Leben bekommt. Das entscheidet nämlich jeder Trauernde selbst. Es ist wie mit einer verflossenen Liebe. Ist der kiffende Surfer, den ich Anfang 20 geliebt habe und der heute Taxi fährt und drei Start-ups an die Wand gefahren hat, mit Mitte 30 ein prägendes Erlebnis gewesen oder nicht? Und wer außer mir kann das beurteilen? Eben. Und wo wir gerade bei der Theorie sind: Es gibt die angeblich »moderne« und die »romantische« Trauerform. Die moderne sieht vor, dass man darüber hinwegkommt und die Beziehung zum Verstorbenen innerhalb weniger Monate oder Jahre auflöst; die romantische, dass man sie lebendig weiterpflegt und der Verstorbene sogar zusätzlich sinnstiftend werden kann. Die moderne ist mir unangenehm, während ich darüber lese. Mama auflösen? Nein, danke, dafür bin ich nicht zu haben. Dann bin ich lieber Romantikerin.

Fakt ist, alle Trauerformen sind vollkommen legitim. Wichtig ist nur, dass keine Form mich an meinen Lebensplänen hindert oder Konflikte auslöst. Na dann … Das leuchtet mir ein. Fazit: Jeder trauert bitte, wie er mag. Auch im 21. Jahrhundert. Und keiner verurteilt das. Welch Utopie. Aber der Tod ist wie das Leben. Leben und trauern lassen.

Ein Hoch auf die Normalität und den Ausnahmezustand und mein Herz im April. Im Wechselbad. Beim Karussellfahren.

Warum kondolieren besser ist
als nicht-kondolieren

Der Tod einer Person, die einem nahesteht, ist in meinem Bewusstsein kaum je zu überwinden. Die Trauer ist wie ein Meer, mal schlagen die Wellen über dir zusammen, dann wieder lässt es dich für eine Zeit los. Dieses Gefühl bleibt wohl immer irgendwo in unserem Inneren. Aber wir müssen dankbar sein für die schönen memories, some poeple don't even have that«, schreibt meine Tante Ingrid aus Kanada. Sie ist 80 und mit 20 ausgewandert, weil Berlin ein Trümmerfeld war und man in Kanada nagelneue Autos fahren konnte und sie Lust auf Leben hatte. Sie war bildschön, jobbte als Model und hat in Montréal die große Liebe gefunden, meine Lieblingscousine Britta und ihren fabelhaften Sohn Oliver zur Welt gebracht und ist eine der klügsten Frauen, die ich kenne. Ich weiß nicht, was ich denken soll, als ich ihre E-Mail lese? Es wird also nicht besser. Aber: Will ich überhaupt, dass es besser wird?

»Beim Tode eines geliebten Menschen schöpfen wir eine Art Trost aus dem Glauben, dass der Schmerz über unseren Verlust sich nie vermindern wird«, hat sich Dichterin Marie von Ebner-Eschenbach mal überlegt, was dafür gesorgt hat, dass dieser Satz in die Textsammlung *Worte des Trostes* geflossen ist. Marie hat nicht ganz Unrecht. Wir wollen weiterleben, aber wollen wir den Schmerz verabschieden wie den dahinschmelzenden Schnee, der gerade auf meinen Balkon fällt? Tschüs, Kristall, jetzt ist Frühling.

Mit der Trauer ist es eine komische Sache: irgendwie ambivalent. Man verflucht sie und klammert sich an sie. Sie macht mich hässlich, aber sie ist Teil von mir. Ich könnte ja schwören, Mamas Krebs hat mir ein, zwei neue Stirnfalten eingehandelt. Aber soll ich da jetzt Hyaluron reinspritzen und »ätsch!« denken? Und was auch verrückt ist: Trauer will gesehen werden. Neulich saß ich mit ein paar Freunden von Freunden an einem langen Tisch beim Italiener. Es war ein schöner Abend. Aber einige Gäste taten so, als wäre Mama nicht gestorben. Es kam kein Wort des Beileids. Kein »Es tut mir leid.« Kein »Ich weiß nicht, was ich sagen soll«. Nichts. Die Gesellschaft trank Wein, lobte an der Pasta herum und war gedanklich bei neuen Apple-Produkten, Urlaubszielen und lustigen Apps. Alles legitim. Und langweilig war es nicht, es war total nett. Ich fühlte mich auch wohl. Nur einer kochte plötzlich vor Wut: meine ignorierte Trauer. Auch wenn ich bunt gekleidet war, lachte und alles andere als still war. Bitterböse saß meine Trauer da und fühlte sich nicht gewürdigt. Beleidigt lag sie schließlich schwer unter dem Tisch neben einem Hund und beschwerte sich lauthals in mein Ohr: »Ich brauche Platz. Ich will gesehen werden. Und wenn das nicht klappt, setze ich mich auf dein Gemüt, Anna, nur dass du's weißt. Oder ich schlage über dir zusammen wie die Wellen am Wenningstedter Strand, wo du mit Mama immer gerne bei Gosch gebratenes Zanderfilet mit Bratkartoffeln gegessen hast.«

Doch dann sprach mich am späteren Abend die Freundin einer Freundin an: »Also, ich hab's in der Zeitung gelesen, ich weiß nicht, was ich sagen soll, ich hoffe, du kommst zurecht, es tut mir so leid.« Sie wusste tatsächlich nicht, wie sie es sagen sollte. Aber ich fand es zauberhaft. Sie öffnete kurz ihr Herz für mich und zeigte mir, dass es ihr Leid tat, dass ich Schmerzen hatte. Ich dankte und sagte: »Du sagst genau das Richtige.« Meine Trauer saß wieder mit am Tisch.

Wie ertrage ich pietätlose Menschen?

*E*ine gute Frage. Eins ist jedenfalls sicher: Diese Menschen schießen wie Unkraut aus Barock-Beeten, wenn jemand gestorben ist. Es sind die gleichen Menschen, die zu einem hässlichen Neugeborenen sagen:»Dein Baby sieht echt witzig aus!«Auf eine Todesnachricht reagieren die dann gerne mit solchen Worten: »Ich dachte es mir. Deshalb habe ich auch nicht mehr gefragt, wie es deiner Mutter geht.« Da haben wir es wieder: Tod und Geburt sind sich oft so ähnlich.

Spitzenreiter in der Liga sind die »Können wir auch zur Trauerfeier kommen?«-Menschen. Ernsthaft? Weil ihr nichts verpassen wollt? Was mich daran erinnert, wie früher im Teenie-Alter Freunde von Freunden fragten:»Darf der Jan auch mitkommen zum Sit-in, wenn ihr Ticker im Dunkeln spielt? Nadine ist ja auch da und, na ja, Jan findet die gut.«

Als wäre eine Trauerfeier ein In-Place. Ein Event, bei dem man dabei sein muss. Man könnte ja wichtige Kontakte knüpfen. Und damit ist nicht der Bestatter gemeint. Ganz ehrlich: Sich selbst einladen war schon immer daneben. Egal, ob mit 14 oder 40. Entweder ich habe eine Beziehung zum Verstorbenen oder eben nicht.

Auch ganz oben auf meiner Beliebtheitsskala sind Menschen, die noch etwas wiederhaben wollen, was sie meiner Mutter geborgt hatten.

»Anna, deine Mutter hat noch eine DVD von mir, die hätte ich gerne wieder. Kannst du die raussuchen und mir vorbeibringen?«

»Na klar, ich habe ja sonst nichts zu tun und fahre auch gerne noch eine halbe Stunde zu dir raus aufs Land, damit deine DVD wieder in deinem Player aus den 90ern liegen kann, der neben ein paar antiken Kunstwerken steht. Und der Verlust von 12,99 Euro, den die Bestellung im Netz gekostet hätte, ist dir natürlich nicht zuzumuten. Dafür bist du gerade in die Kategorie ›Schönes Leben noch!‹ gerutscht, denn außer meiner Mutter hält ab sofort keiner mehr Kontakt zu dir.«

Das wäre die richtige Antwort gewesen. Leider kam sie nicht. Ich stand nur da und atmete und raste tief in mir. Ich verliere meine Mutter und du denkst an deine beschissene DVD? Ich würde ein verdammtes DVD-Abo für dich abschließen, wenn sie dadurch wieder lebendig würde! Schämen tat sich mir gegenüber offenkundig niemand.

Ja, es gibt viele Spitzenreiter in dieser Liga. Gerne tummeln sich hier auch die besserwissenden Vorherseher: eine Freundin meiner Mutter, Ex-Krankenschwester – die sind ja bekanntlich böse –, die mir regelmäßig die Todeswahrscheinlichkeit an der Supermarktkasse entgegenraunte:»Drei Wochen noch, dann ist es vorbei. Da brauchst du keine Vitamine mehr reinzupumpen. Meine Meinung.« Sie meinte es nicht böse, sie fand das realistisch. Obwohl man nie eine Todesprognose abgeben kann, die zwei bis drei Tage überschreitet. Lasst euch das gesagt sein, ich weiß es nach Monaten auf der Palliativstation. Und so war es auch bei Mama. Das Schlafen setzte ein, ab da dauerte es noch drei Tage. Alle anderen Schätzungen sind Blödsinn und unseriös. Sagt auch mein Apothekerfreund Kay, und der hat leider auch traurige Routine. Ebenso mit den Vitaminen, die meiner unterversorgten Mutter noch einmal richtig Schub gaben. Aber auch das perlt ja an Krankenschwestern ab wie Eierkuchen an der Teflonpfanne. Hauptsache Kontra geben. Leider ist mir das nie gelungen. Ich bin traurig und zerstört mit krampfendem Unterbauch und Rückenschmerzen aus solchen Gesprächen nach Hause gegangen. Das ist nicht gut.

Im Nachhinein denke ich, das Beste wäre gewesen, sich aus solchen Konversationen schnellstmöglich auszuklinken, einfach zu gehen, den verbalen Schauplatz zu Staub und Asche zu erklären. »Das möchte ich jetzt nicht besprechen.« Das wäre es gewesen. Leider war ich da eher das Reh, das sich auf den Scheinwerfer freut. Wie eine Motte, die nur das Licht sieht, aber nicht das »BZZZZZZ!« der Kollegen hört, die es schon vorher getroffen hat. Ich hoffe aber für alle, die einmal in so eine Situation geraten, dass sie dann die Reißleine ziehen. Dass sie so laut »Stopp!« rufen, wie meine kleine Tochter im Selbstverteidigungskurs: »Nein, geh weg, Finger weg, lass mich in Ruhe! Bleib weg! Schutzinsel!« Das Verrückte bei mir ist: So schlagfertig ich im Job als TV-Moderatorin bin, so hilflos bin ich als Privatperson mit sterbender Mutter. Souverän am Sterbebett? Nein, das kann ich nicht.

Und so habe ich manche Pietätlosigkeit in den letzten Wochen ertragen. Ich habe sie auch verziehen, denn alles andere wäre ungesund. Wer verzeiht, ist frei. Nur vergessen habe ich die eine oder andere Situation nicht. Aber ich denke, das ist auch gut so. Der Tod ist immer auch ein Korrektiv, und das gilt auch für das Miteinander danach. Vielleicht sollte ich dankbar sein, dass sich deutlich zeigt, mit wem ich kann und mit wem nicht. Ich werde Ballast abwerfen, Menschen abwerfen, Pietätlosigkeiten auch. Und leichter durch das Leben ohne Mama schweben. Nicht Worte, aber die Konsequenz wird meine Antwort sein.

Trauerfeier: mittendrin statt nur dabei

 ch stehe auf und denke: heute! Es ist der Tag der Beerdigung
meiner Mutter. Ein seltsames Gefühl. Ich will nicht. Ich habe
beschlossen, mich ganz in Ruhe mit viel Zeitpuffer fertig zu machen. Alles soll sitzen. Wie für einen TV-Auftritt. Mein Beerdi-
gungs-Outfit liegt bereit, die Make-up-Artikel habe ich am Abend
platziert. Ich bin nervös, zittrig und überfordert. Nur aus Ver-
nunft esse ich. Als ich in die Dusche steige, ist mein Kopf im Lot,
aber mein Körper nicht. Er zittert und zittert, es ist kaum auszuhalten. Als die Wickler den Kopf wärmen und die Wimpern getuscht sind, wird es besser.

Plötzlich stehen Menschen in der Tür. Einige kenne ich, andere
nicht. Eine entfernte Verwandte will mit ihrem Mann und Bruder hier warten, bis die Trauerfeier beginnt. Das wäre eigentlich
okay, wäre ich fertig und würde nicht noch staubsaugen, ein Fotoalbum kleben und bügeln wollen. Ich werde nervös und schiebe sie aufs Sofa vor den Kamin. Das Haus füllt sich. Ich schwitze
und fühle mich ausgeliefert. Unvorbereitet. Ständig fällt mir etwas
runter, der Lidschatten bröselt auf den Badezimmerfußboden. Ich
schreie innerlich. Zum Glück trudelt auf Knopfdruck die kanadische Verwandtschaft mit der Berliner ein: Beatrice bügelt für
mich, Britta klebt mit 80er-Jahre-Fotoecken Bilder von Mama ein
und Ingrid kocht Kaffee. Es wird. Zumindest logistisch.

Als wir in die Kapelle kommen, fühle ich so viele Blicke auf
mir wie befürchtet. Ich stelle meine Laternen auf, die ich extra
für diesen Anlass gekauft habe, checke die Tulpensträuße, zünde

ein Teelicht am Teelichtbaum an und stelle die Bilder von Mama auf. Die Musikanlage für Sängerin Astrid steht – fertig. Der Gottesdienst schwebt an mir vorbei wie eine Seifenblase. Der Pastor drückt sich, glaube ich, auch eine Träne weg. Ich weine keine Träne, während sie meinem Bruder lautlos über die Wangen gleiten und auf seine Hosenbeine perlen. Mir nicht. Ich trauere, wann ich will. Später im kleinen Kreis. Wie ein Regisseur blicke ich auf den Ablauf. Nach 45 Minuten ist alles vorbei. Und es war gut. Die Gedichte, die mein Mann vorgetragen hat, der Psalm, den unser Freund Sascha gelesen hat mit seiner tiefen Radiostimme, es war alles stimmig. Ich bin froh und etwas erleichtert. Das Tulpenmeer aus sechs Sträußen in Glasvasen hätte von meiner Mutter arrangiert worden sein können, meine Mutter zwinkert mich von einem unserer Leinwandbilder regelrecht an. Die Gäste haben Rosenherzen stecken lassen oder Sträuße niedergelegt. Als würde der Frühling den Kapellenboden aufbrechen. Meine Tochter küsst ein Foto von ihrer Omi, ich streiche noch einmal über das Holz vom Sarg. Sollte Mama wirklich da drinnen liegen? Unwirklich. Astrids Soul- und Gospelstimme noch im Ohr, nehme ich Kondolationen entgegen, es ist okay. Das Beileid der meisten bedeutet mir nichts. Ich kenne viele gar nicht. Und denke: Für mich war die Trauerfeier kein Meilenstein, kein Abschied. Ich fühle mich Mama genau so nah und nicht nah wie vorher. Dass sich das kurze Zeit später noch ändern soll, kann ich da ja noch nicht wissen. Zu fühlen, dass andere sie sehr geschätzt haben, ist auf jeden Fall gut, wie eine Decke um die Schultern, während die Trauer einen frieren lässt. Ich umarme Menschen und schüttele Hände wie am Fließband. Beim Leichenschmaus geht es so weiter. Aber das gemeinsame Essen und Trinken ist gelöster und das sollte es auch.

Meine Freundin Ulrike drückt mich. »Gott, riechst du aber gut!«, sage ich.

»Ja, nicht? Mein neues Parfüm. Ich finde, es riecht wie frisch gewaschen.«

»Ja, es hüllt einen so angenehm ein.« Eine Stunde später überreicht mir mein Mann einen kleinen Taschenflakon und einen

Briefumschlag. Darin ist eine kleine goldene Kette mit einem kleinen pinken Stoffanhänger, den man als Blüte interpretieren könnte, und eine Karte. Ulrike erklärt mir, dass meine Mutter für sie immer wie eine bunte Blumenwiese war und dass die Kette mich daran erinnern soll. Und die Tatsache, dass der Anhänger rund ist, daran, dass alles ein Kreislauf ist. Dazu hat sie mir spontan das Parfüm in einen Taschenflakon abgefüllt, damit ich mich »einhüllen« kann.

Ich bin gerührt. Ich streife die Kette um und lege sie nur noch zum Schlafen ab. Den Duft sprühe ich mir sofort auf die Bluse und ins Haar. Er ist wie ein Schutz. Geborgenheit. Und auch ein Stück Neuland. Denn sonst trage ich seit 15 Jahren das gleiche Parfüm. Zeit für Neues. Es fühlt sich gut an, als wäre ein Knoten geplatzt. Als wäre die Kette aufgeladen mit guten Vibes. Meine Freundin Caro, die auch Ulrikes Cousine ist, schenkt mir eine Flaschenpost, die ich bald mit einem Brief an Mama in die Ostsee werfen werde. Ich platze vor Liebe, die sich über die Trauer schiebt wie ein Weichzeichner bei einem RTL-Interview mit Frauke Ludowig.

Meine liebe Britta, die ihren Mann gehen lassen musste, kommt zu mir: »Du, ich weiß, wie das klingt, aber deine Mutter war irgendwie die ganze Zeit da. Und es hat ihr so was von gefallen.«

Und Sascha ergänzt: »Also, wenn der Anlass nicht so traurig wäre, wäre das das schönste Familienfest.«

Ich kann lächeln. Das klingt nach meiner Mutter. So sollte ihr letztes Fest sein. In dem Wissen, alles richtig gemacht zu haben, falle ich Stunden später neben meiner kleinen schnarchenden Tochter ins Bett, die mit zwei neuen Stofftieren im Arm im Traumreich unterwegs ist. Manchmal lacht sie leise. Vielleicht kitzelt Omi sie? Ich habe keine Religion. Meine Religion ist die Liebe. Der Glaube an das Unbekannte. Neuerdings der Glaube an das Versprechen, dass jeder noch so kleine Trost, der für mich bestimmt ist, den Weg zu mir finden wird. Sei es ein Gedicht, ein Zeichen, ein Zufall. Ich habe Hoffnung geschöpft, den Meilenstein doch noch erreicht. In welche Richtung genau, kann ich nicht sagen. Hoffnung vielleicht, dass ich es schaffe, die Trauer im Gleichgewicht zu halten und dennoch glücklich zu sein. Der Trauer eine Feier anzubieten. Welch gute Idee das eigentlich ist.

Über den Tag der Beerdigung meiner Mutter legt sich die Nacht. Es kommt ein neuer Tag.

Über das Danach oder
Erste-Hilfe-Strategie für Traueranfänger

ie Tage nach der Beerdigung sind lang und kurz und rotweingeschwängert. Beatrice und Andreas, unsere Berliner Familie, campieren noch zwei Tage auf Sofas im Haus meiner Eltern, die Kanadier im Hotel ums Eck. Mein Bruder lässt New York New York sein und bleibt, genau wie ich mit Karlotta. Es tut unendlich gut. Ständig kocht irgendwer Kaffee, kauft zu viel Kuchen und trifft man sich zum Resteessen in der Küche oder beim Füttern der Pferde. Doch jeden Tag fährt oder fliegt auch jemand wieder heim. Und dann kommt dieser Moment, in dem die Trauer dich anfällt wie ein wildes Tier, erbarmungslos.

Plötzlich beginne ich, Strategien zu entwickeln: Meinem Mann das Hemd nass weinen, ist eine davon. Doch das erschöpft sich irgendwann und ich bin leer geheult. Ich erlaube mir Näheerfahrungen: Spiele Mamas geliebte Billy-Holiday-CD in der Küche, benutze ihre Lieblingsbodylotion von Biotherm, lege beim Abwasch von Töpfen und Pfannen meine Ringe in die selbe silberne Schale, die sie dafür immer benutzt hat.

Ich rahme Fotos um. Der Teil der Geht-so-Verwandtschaft fliegt aus alten Silberrahmen, meine Mutter zieht ein, lachend auf Coney Island. Wann immer ich kann, gehe ich spazieren. Zu den Pferden. Einmal einen Zirkel um den Block im Dorf. Einmal zur örtlichen Drogerie und kaufe meiner Tochter eine Kinderzeitung. Hätte ich einen Schrittzähler und wäre das hier ein Wettbewerb, ich wäre einsamer Sieger. Vermutlich laufe ich zu Fuß mehr Meilen, als ich bei Lufthansa im letzten Jahr gesammelt habe. Luft und Licht machen es leichter. Trauerexperten oder die, die sich dafür halten, raten auch dazu – neben körperlichen Aktivitäten auf die Körperhaltung zu achten. Okay, ich stehe vor Mamas Spiegel und drücke die Schultern hoch. Aufrichten gegen schwere Gefühle: Check! Dazu tief die norddeutsche Landluft einatmen: Check! »Atme mal tief ein, Anna!« Den Satz konnte ich mit drei schon auswendig. Und je mehr ich das mache, desto mehr spüre ich ganz klein meinen gnomenartigen Überlebenswillen. Mein Leben. Meine Träume. Schließlich habe ich noch etwas Zeit hier und auch noch einige heiße Geschichten in den Teppich der Zeit zu weben. Und genau das wünschen sich ja auch unsere Verstorbenen; wenn sie uns denn gemocht haben, versteht sich. Diese Kraft soll aus dem Unterbewusstsein kommen, erklärt mir mein Trauerratgeber *Was bei Trauer gut tut.* »Wir bekommen genau die Portion an Durchhaltevermögen und an Kraft, die wir im Moment brauchen. (…) Es ist wohl eine Kraft, die wir mit den Tieren teilen und die auch Tiere in einer bedrohlichen Situation um das eigene Überleben kämpfen lässt.« Ob tierisch oder menschlich, Hauptsache, ich komme da durch. Denn durch muss ich, so oder so. Manchmal spreche ich in Gedanken mit meiner Mutter, ich gehe die gleichen Spaziergänge, die sie manchmal gemacht hat. Manchmal denke ich, sie geht hinter mir, kommt gleich näher, streicht sich eine Strähne aus dem Gesicht und sagt: »Das war eine gute Idee. Es tut so gut, an der Luft zu sein.«

Dann schießt mir der Gedanke durch den Kopf, wie dumm und dann wie tröstlich diese Vorstellung doch ist. Und so erlaube ich mir lächelnd dumme schöne Gedanken. Ich beginne zu verstehen, warum so viele verwitwete Menschen sich junge Hunde zulegen. Sie müssen dann Gassi gehen – und das ist gesund für den Körper und somit auch für die Serotoninproduktion, unsere körpereigene Anfertigung von Glückshormonen. Plus: Den Wuffi nach draußen zu bringen ist Bestandteil des Tagesablaufs, ein Ritual, fellgewordene Liebe. Auch mein Tag beginnt immer gleich und das ist auch gut so: aufwachen, meine Familie küssen, duschen, Kaffee kochen, Tisch decken, jeden der Camper fragen, ob das Sofa wieder so bequem war wie letzte Nacht. Ganz wichtig: Routinen, Rituale, Alltagsabläufe einhalten. Oder das, was es gerade darstellt.

Und ich mache Pläne. Klitzekleine. Ich plane einen Ausflug zum Gut Weißenhaus, einem Ort, den meine Mutter mochte und an dem wir Hochzeit gefeiert haben, und zwinge meine ganze Familie dorthin zum Kaffeetrinken. Wir zelebrieren den kleinen Ausflug. Und wenn ein ganz düsterer Moment kommt, packe ich mich an den nicht existierenden Hosenträgern, hebe mich hoch und frage mich: Wieso solltest du aus diesem Loch nicht herauskommen? Den letzten Löchern hast du auch eine lange Nase gezeigt und bist wieder rausgeturnt. Denn auch am tiefsten Punkt der Trauerkrise geht es doch tatsächlich immer wieder ein Stück bergauf.

Trauer ist kein Zalando-Angebot

Das Nicht-Trauern ist das Zalando der Gefühle: einfach nicht öffnen, zurückschicken, wegschieben, negieren, abgeben. Das Trauern einfach sein lassen und weggeben. Dabei kommt der Tod doch auch ohne Rücksendeschein. Sterben auf Probe ist nicht, und auf Trauer gibt's leider kein Rückgaberecht. Schön wär's.

Ich rufe meinen guten alten Sascha an – Fernsehautor. Diva. Lebenskünstler. Siegelring. Porsche-Fahrer (es sei denn, er holt den Defender raus). Ex-Theologie-Student. In-die-Medien-Gerutschter. Sonore-Radiomoderator-Stimme. Jetzt in der Welt der Schönen, Reichen und Gelifteten unterwegs. Keine Kinder. Nicht verheiratet. Beide Elternteile tot, nacheinander verstorben, als wollten sie dem Sohn nicht zu viel Mühe machen. Der Vater sogar pünktlich am Beisetzungstag der Mutter. Das Beste an Sascha sind die Gespräche, die man so nur mit Sascha führt: »Wie kommst du zurecht?«, fragt er mich.

Und ich sage: »Im Moment geht es. Es ist auch so viel zu tun, was mich in Schach hält. Es vergeht tatsächlich inzwischen mal ein halber Tag, an dem ich nicht denke: Mama ist tot. Hoffentlich verdränge ich nicht unbewusst … Wie ist es bei dir?«

»Kein Stück anders als vor drei Jahren. Die Trauer übermannt mich, ich weine nie – nur bei der Hausauflösung. Aber die Trauer verändert sich nicht. Vielleicht verdränge ich sie die ganze Zeit – und deshalb verändert sie sich nicht. Aber wo soll ich weinen? In den Armen der gelifteten Pelzwitwen in St. Moritz oder bei Wolfgang Joop und Edwin in Milano nach der Show?«

Wir legen auf und ich denke darüber nach. Ist nur gelebte Trauer entwicklungsfähig? Bleibe ich auf einem Level des Trauerns hängen, wenn ich mich dem nicht hingebe und mich konfrontiere? Aber wer macht das schon in unserer schnelllebigen Zeit? Kenne niemanden, der mir mal eben zugeraunt hätte: »Meine Eltern sind gestorben – ich mache mal ein Heul-Sabatical. Bis nächstes Jahr.« Aber vielleicht wäre genau das der Trick?

Mein Freund Rainer, ARD-Sprecher und Künstlermanager, erklärte mir unlängst: »Du wirst zwei Jahre brauchen, bis es dir wieder halbwegs besser geht.« Seine Mutter ging plötzlich nach einer missglückten OP. Und ob er sich der Trauer so sehr gewidmet hat? Wie viele Menschen rennen mit Trauer im Herzen durch die Straßen und kompensieren, überspielen, leugnen?

Trauer ist die natürliche Reaktion auf Verlust. Das gilt für alles: eine Trennung, eine verwelkte Blume, den Verlust des Jobs, die Jugend. Die Liste ist endlos. Aber irgendwann gilt: das Neue begrüßen, das Beste daraus machen, die Krise verlassen. Mamas Tod erschüttert mein ganzes Leben, lässt die Säulen meiner Identität wackeln und schwanken – genau wie die Geburt meiner Tochter. Jede Frau weiß, wie sehr auch der Beginn des Lebens einen erschüttern kann. Und auch wenn es für Mama das Ende ist, es ist auch ein Anfang. »Das Todeserlebnis widerfährt uns, trifft uns, lässt uns irre werden an uns und an allem, was wir bisher für selbstverständlich gehalten haben. Es erschüttert nicht nur unser Welt- und Selbstverständnis, es zwingt uns zur Wandlung – ob wir wollen oder nicht«, schreibt Psychologieprofessorin Dr. Verena Kast in ihrem Buch *Trauern*. Analog zu den Sterbephasen eines Menschen gibt es angeblich auch die Trauerphasen. Dabei gleichen die erste und letzte Phase einander: Beide beginnen mit dem Nicht-wahrhaben-Wollen und enden mit der Anpassung an die neue Situation. Doch der Weg dahin dauert, und jeder geht ihn anders. Ihn nicht zu gehen wie Sascha, ist jedenfalls auch keine Lösung.

»Hältst du innere Zwiegespräche?«, frage ich ihn.

»Nein.«

»Träumst du von ihnen?«

»Manchmal.«

»Empfindest du deine Eltern inzwischen als innere Begleiter?«

»Nein. Eher als Fremde.«

»Das ist schlecht!« Wir lachen beide kurz, was guttut.

»Wieso?«

»Weil das laut Forschung ein Zeichen wäre, dass der Ablösungsprozess erfolgreich verläuft, wenn du Teile deiner Eltern in deine Persönlichkeit integrierst, aber du selbst bleibst. Nicht leugnen, nicht sich die Persönlichkeit der Eltern überstülpen, sondern einbetten, was gefällt. Den Rest wirfst du raus. Das soll gesund sein.«

Sascha zieht an seiner Zigarette, er sitzt irgendwo in Monaco. »Gut, dass du das recherchierst, ma chère. Ich trinke jetzt auf meinen Vater.«

»Solange du kein zweites Stellvertreterglas bestellst, das du nicht anrührst, ist das okay, denke ich.«

Die letzte Phase heißt übrigens Neuorientierung: Ist der Verlust akzeptiert, geht das Leben weiter. Also kein Rücksendeschein. Kein Gefühlszalando, sondern die Gefühle annehmen wie das Paket. Anprobieren. Tragen. Damit leben. Nicht ablehnen und wieder zurücksenden. Und so banal es auch klingt: Trauer ist doch wie das kleine vertraute Café ums Eck; der Italiener, bei dem man Stammgast ist, oder Rudis Dünenimbiss, bei dem man sich schon seit Kindheitstagen die Pommes mit Ketchup holt. Konfrontation hilft. Bitte nicht jeden Tag, aber in verkraftbaren Abständen. Und dann entwickelt sich etwas. Auch Mama hätte den Rücksendeschein zerknüllt und in den Müll geworfen. Die wäre auch direkt in die Kaffeebar gegangen.

Mitglied im »Tote-Eltern-Club«

ich trennt etwas von vielen meiner Freunde: Ich lebe ohne Mutter. Selbst Freundinnen meiner Mutter haben ihre Mutter noch. Ich nicht. Ich bin 35 und mutterseelenallein. Okay, ich habe meinen Vater noch und den liebe ich über alles. Aber ruft man den an und fragt ihn, was man zu einer Hochzeit anziehen soll? Ob die rote Mütze süß war in der Live-Schalte? Ob meine Tochter selbst entscheiden sollte, noch ohne Übergangsjacke in den Kindergarten zu gehen? Eben. Meine Kindheit wurde mitbeerdigt, ist endgültig vorbei.

Ich habe da meine eigene Theorie: Das erste Mal beerdigt man sie selbst, indem man Mama wird. Aber da gibt es noch eine Hintertür: Noch kann man in Mamas Schoß zurückkriechen, zumindest mal für ein Wochenende, sie um Rat fragen, sich bedanken, dafür, dass sie trotz Schlafmangel, Herumzickerei und Pubertätspickeln so eine tolle Mutter sein konnte. Mit drei Generationen Strandurlaub machen und ein Gefühl von Generationen-Kreislauf verspüren, das nur positiv und schön ist (von ein paar kleinen Diskussionen um Erziehung und Ernährung vielleicht abgesehen). Und dann passiert es: Mama geht und nimmt die Kindheit endgültig mit ins Grab. Und damit auch mein Erwachsenen-Schlupfloch.

Klar wird mir das immer wieder, wenn sich die eine oder andere Freundin über ihre Mutter aufregt. Darüber, dass ihre Mutter falsch am Enkel herumerzieht, den Hund unterm Tisch mit Würstchen füttert oder den kritischen Bauchumfang des Schwiegersohns begutachtet. Für mich ist das alles vorbei. Es gibt nur das »Davor« und das »Danach«. Sonst nichts.

Bisher ist meine Methode diese: kurz innehalten, nachdenken, verdrängen, Vortrag über Dankbarkeit, dass die andere Mutter noch atmet, hinunterschlucken. Nicht sagen, das man als Mitglied des »Tote- Eltern-Clubs« liebend gerne tauschen würde. Dass man sich lieber Mamas Rolex vom Handgelenk reißen würde und um ihres klicken würde, dass man sich lieber ihr Butterschmalz-Sahne-Crème-fraîche-Essen reinzwingen würde, auch wenn Bauchschmerzen noch vor dem Dessert, in Form von Käsekuchen oder Trifle, winken würden, dass man sein Outfit lieber als »zu laut« kritisieren lassen würde, bevor die Stille einen in ihrer Garderobe zwischen beigen Kaschmirtüchern verschluckt.

Plötzlich schrumpft der Kreis der Personen, mit denen ich mich identifizieren kann, die wissen, wie es sich anfühlt, die eigene Mutter zu beerdigen, zu wissen, dass man sie niemals wiedersieht und dass der Griff zum Telefon ab sofort bis ans Lebensende umsonst sein wird. Diese Mitgliedschaft tut weh, reißt immer wieder Wunden auf und ist unkündbar. Das Abo sitzt tief im Herzen, obwohl man es ja nie abschließen wollte. Und nur die anderen Clubmitglieder verstehen es: »Gestern hatte ich einen ganz schlechten Tag. Da hab ich im Schmerz gebadet, alles war wieder so präsent. Es war ihr Todestag.« Oder: »Momentan heule ich jeden Tag. Davor hatte ich monatelang aufgehört. Aber ich sortiere gerade die Schuhe meines Vaters aus.« Das Gegenüber nickt nur stumm und verständnisvoll.

Und dann gibt es noch etwas ganz anderes: die Erleichterung, für die ich mich kurz schäme. Neulich ließ sich meine Freundin Julia ihr neuntes Tattoo stechen. Ihre Mutter mag ihr noch relativ neues schmerzhaftes Hobby gar nicht – sie hat ungewöhnlicherweise erst Anfang 30 angefangen –, und nachdem sie mir ein Foto ihrer frisch gestochenen Schultermanschette geschickt hatte, schrieb sie noch: »Bitte nicht Mama sagen!«

»Aber sie sieht es doch sowieso irgendwann?«

»Ja, aber dann ist zumindest die Folie runter und es ist nicht mehr frisch.«

Und auch wenn ich mir nie ein Tattoo stechen lassen würde, kenne ich das Gefühl, Mama etwas lieber erst später sagen zu wollen. Eben weil ihre Meinung so trifft, so wichtig ist oder auch so wütend machen kann. Ich kann eine rauchen beim Familienfest, ohne die Zigarette zu verstecken, was ich einmal im Jahr getan habe, damit Mama sich keine Sorgen um meine Gesundheit macht, ich kann mir die Spitzen nur einen Zentimeter kürzen lassen (»Kürzer steht dir doch viel besser, Anna. Warum trägst du die Haare so lang?«) und ich kann Smoothie-Tage einlegen (»Das kann doch nicht gesund sein, was du da machst. Bist du jetzt magersüchtig?«). In alle dem bin ich nun frei. Auch wenn ich mir diese Befreiung nie gewünscht habe.

Neulich laß ich diesen Satz und fand ihn gut: »Some things you cannot get over with. Some things need to be carried.« Den Rucksack der Trauer und sein Gewicht kannst du nur begreifen, wenn er dir auf den Rücken geschnallt wird. Es gibt keinen anderen Weg, Trauer zu erklären. Dabei würde sich freiwillig kein Mensch diesen Rucksack aufsetzen, er wird nur dann scheinbar etwas leichter, wenn zwei Mitglieder des »Tote-Eltern-Clubs« sich treffen und ein Stück gemeinsam gehen. Dann hat die Seele kurz Gesellschaft.

Mama wandert in den Secondhand

*I*ch sitze in einem Meer aus Schuhen. Den Schuhen meiner Mutter. Vermutlich 120 Paar. Unnützer-Stiefel. Chanel-Ballerinas. Reebok-Turnschuhe. Birkenstocks. Tory-Burch-Sandalen. Getragen neben nagelneu. Die Turnschuhe waren zuletzt ihr tägliches Schuhwerk, solange sie noch laufen konnte. Einige Unnützer-Stiefel sind noch in Seidenpapier eingeschlagen, der Karton vermutlich zweimal geöffnet und in den Keller gestellt. Vielleicht Trostschuhe oder ein Frustkauf? Oder ein Für-später-Kauf? Eine Träne tropft aufs Leder. Sind wohl meine in Anbetracht der Tatsache, dass ich alleine in der Eingangshalle meines Elternhauses sitze. Mein Vater ist unterwegs, die Umwelt retten – sein Lieblingshobby –, verschwunden, nachdem er mich gefragt hat, ob ich nicht mal durch ihre Sachen gehen könnte. Und ich sitze auf den Terrakottafliesen unter der altenglischen Lampe und frage mich, ob es der richtige Zeitpunkt ist. Gibt es den überhaupt? Meine Cousine Beatrice aus Berlin hat über ein Jahr die Habseligkeiten ihrer Mutter nach deren Tod nicht angerührt. Mein Freund Sascha hat sofort angefangen mit der Hausauflösung. Der Tipp meiner Freundin Britta war simpel wie logisch: »Wenn du so weit bist – dann fängst du damit an. Fertig.« Aber irgendwie scheint es mir in diesem Fall wie mit allen großen Dingen im Leben: Ist man jemals dafür bereit?

Ich musste immer springen. Sicher gab es Momente, in denen ich dachte: Nun bin ich so weit. Zum Live-Schalten. Zum Zusammenziehen mit dem ersten ernsthaften Freund. Zum Jobwechsel.

Zum Heiraten. Zum Kinderkriegen. Zum Kaiserschnitt. Eigentlich ist man es ja auch, aber fünf Minuten vorher wollte ich fast immer davonrennen, wenn ich ehrlich bin. Außer beim Heiraten – da war ich mir jedes Mal sicher. Merken Sie mein Grinsen? Offenbar lag ich da nicht immer richtig – aber darum geht es meiner Meinung nach auch nicht. Es geht darum, sich an diesem einen Tag zu versprechen, alles für diese Ehe zu tun. Ob man das dann auch ein Leben lang durchhält, weiß keiner. Das Vorhaben zählt. Fertig. Und vielleicht ist es auch so mit dem Aussortieren: Der gute Wille zählt. Schaffe ich es nicht, höre ich einfach wieder auf – so wie meine Seele das eben braucht. Jetzt muss ich lachen. Guter Plan, wenn man 120 Paar Schuhe aus dem Keller hochgetragen hat und inmitten der Treter sitzt. Meine Tochter Karlotta kommt die Treppe runter und kriegt den Mund nicht wieder zu: »Sind das alles Omis Schuhe?«

»Ja.«

»Aber die kenne ich gar nicht. Wann hatte sie die an?«

»Teilweise nie, mein Schatz!«

Leider passt mir kein einziger ungetragener Unnützer-Stiefel. Meine Mutter hatte Größe 40/41. Da habe ich mit 39, manchmal 38. Keine Chance. Aber für die Altkleidersammlung sind die Schuhe zu schade. Ich beschließe, sie in einen Edel-Secondhandladen zu bringen und das Geld in die Schuhe des Enkelkindes zu investieren. Also sitze ich nun da und katalogisiere: Größe, Marke, Material, Ursprungspreis. Ich schreibe Listen. Stunden vergehen. Manchmal kreuzen Schuhe meinen Weg, die mich an Situationen erinnern: In einem Paar schwarzen flachen Wildlederstiefeln sehe ich sie im herbstlichen Garten zwischen geschnitzten Kürbissen Blätter harken. Ein Paar Turnschuhe erinnern mich an ein Hüftleiden, das operiert werden musste und das ihr bis zuletzt eine krumme Haltung verpasst hatte. Ein Paar ungetragene kakaobraune UGGS-Boots in Seidenpapier daran, wie sie sich innerhalb von zehn Monaten aus dem Leben geschlichen hat. Wobei: Geschlichen ist sie eigentlich nicht. Aber zum Schluss war erst gehen, dann sitzen, dann umdrehen unmöglich. Alle zwei Stunden musste Mama gewendet werden. Sie hat es gehasst. Manchmal denke ich, es war ein Grund, warum sie auch keinen Sinn mehr im Weiteratmen gesehen hat. Nie wieder laufen, nie wieder Schuhe. Keine Erdverbundenheit mehr, keinen Boden mehr unter den Füßen. Was ein Schuh alles darstellen kann: Einstellungen, Werte, Standpunkte. Zeitlebens ist Mama mit Schuhen durchs Haus gelaufen – wie mein Vater heute noch. Mein Mann und ich ziehen unsere Schuhe grundsätzlich aus. Wir lieben es besockt und barfuß. Witzigerweise beobachte ich diesen Unterschied bei vielen meiner Freunde, vielleicht ist es eine Generationenfrage. Wenn jemand zu Besuch kommt und sagt: »Meine Schuhe sind sauber«, kann ich nur den Kopf schütteln. Schuhe können nie sauber sein. Unter ihnen sind immer Kolibakterien von der Straße und öffentlichen Toiletten, Hundekotreste, Speichelspuren. Es ist einfach so. Keine Schuhsohle der Welt ist sauber. Basta. Geht gar nicht. Als meine Tochter im Krabbelalter war, hat sie alles in den Mund gesteckt inklusive Wollmäuse aus Parkett-Ecken. Während dieser Zeit bin ich ein bisschen zum Putzteufel geworden. Ich gebe zu, vielleicht etwas zu putzteufelig für die meisten. Aber ich fand den Gedanken, dass Karlotta über die mitgebrachten Kolibakterien fremder Schuhsohlen krabbelt und dann am Daumen nuckelt, unerträglich. Meine Eltern haben das nie verstanden und oft Witze über mich gemacht. In ihrem Haus ging man seit Ende der 70er immer beschuht über den Teppich. In anderen Kulturen würde genau dies einen nicht vorhandenen Respekt vor den eigenen vier Wänden ausdrücken, für meine Eltern war es normal.

»Du sortierst aus?«, hat meine Freundin Emilia aus Heidelberg vorhin zu mir am Telefon gesagt. »Taff. Ich muss gestehen, ich möchte nicht in deinen Schuhen stecken.« Kann ich verstehen. Es fühlt sich hart an, Mamas Schuhe zu beurteilen. Es gibt vier Kategorien: verkaufen, verschenken, spenden, Mülltonne. Bis weit in den Nachmittag sitze ich über den verschiedensten Ledern, meist italienischen. Mal weine ich, mal arbeite ich stumpf alles ab. Mal stopfe ich mir Schokolade rein, um zumindest mal eine Runde Serotonin im Blut zu haben. Gleichzeitig fühle ich mich immer leichter. Ich lasse los. Und schwerer – das schlechte Gewissen, wie ich es wagen könne, ihre Sachen zu entsorgen, macht sich breit. Engel links, Teufel rechts. Mama, ich hoffe, es ist okay für dich, denke ich vor mich hin, während ich ein Paar ungetragene Chanel-Ballerinas wegpacke.

»Ein schlechtes Gewissen musst du nicht haben«, sagt unsere Nachbarin und Mamas enge Freundin Hanne. »Sie hat auch immer aussortiert, sie war ein praktischer Mensch. Sie hätte es gut gefunden. Und wenn das Geld aus dem Secondhandverkauf in Karlotta fließt oder du dir etwas Schönes kaufst, wäre das genau in ihrem Sinn.«

Ich nicke. Ich weiß, dass sie recht hat. So war meine Mutter. Sie hat es geliebt, für ihr Enkelkind in Hamburg einzukaufen. Immer in Kombination mit dem Friseurbesuch bei Sascha Kuschel: erst für Karlotta shoppen gehen, danach sich die Haare in Form bringen lassen, dann auf die leuchtenden Augen des Enkelkindes freuen. Was wohl extrem spirituelle Menschen mir raten würden?

Mein Freund Google verrät es mir ein paar Stunden später: Spirituell herrscht der Gedanke vor – und so abwegig finde ich den nicht –, dass die Schwingungen von Verstorbenen in den Dingen bleiben, die sie zurücklassen. Der Tod bedeutet einen Anstieg der feinstofflichen Tama-Grundkomponente. Hängt der Tod mit einer Krankheit zusammen, ist die sogar noch stärker ausgeprägt. Hat die Person gelitten, etwa unter Schmerzen, die von negativen Wesenheiten ausgegangen sind, kann sich das angeblich sogar übertragen. Das erkläre ich mir eher psychologisch, aber das Ergebnis ist das gleiche. Die Empfehlung lautet: Dinge, die der Verstorbene gerne hatte, spenden, loswerden. Damit löst sich das Böse auf und wir tun noch etwas Gutes. Prima. Ich verkaufe die Dinge, zu denen sie keine Bindung aufbauen konnte und spende das, was man spenden sollte. Zufällig gibt sich meine pragmatische Haltung mit der spirituellen Lebensweise die Klinke in die Hand. Na dann.

Draußen ist es bereits dunkel, als mir ein Paar stylishe Birkenstocks in die Hände fällt. In denen hat sie oft am Herd gestanden und Hühnchen in Wermut mit Thymian gekocht, ihre typische Lasagne aus dem Ofen gezogen oder den beliebten American Cheesecake nach Rezept ihrer Freundin Bess aus Pennsylvania. Nachdem der Tisch im Esszimmer gedeckt war, ging es in dieser Reihenfolge weiter: von Jeans, T-Shirt, Birkenstock in die Seidenbluse mit Stoffhose gewechselt, Lippen rot nachgezogen, Parfüm ins Haar, Cartier-Creolen ins Ohr, Schuhe mit leichtem Absatz oder Ballerinas an, fertig. Mein Vater legte Jazzmusik auf und rannte an guten Tagen in Seglerschuhen in den Keller, schon mal die Weine organisieren, an anderen Tagen vergaß er das, und es gab noch vor dem Entkorken Mecker. Dann kamen die Gäste, die Absätze klapperten durchs Haus. Irgendwann saßen alle nach dem Dessert vor dem brennenden Kamin, während ich barfuß nach unten kam, um gute Nacht zu sagen.

»Gute Nacht, Mama!« Der letzte Kartondeckel schließt sich über ungetragenen italienischen Sandalen. Hinter mir legt meine Tochter ihre kleinen zarten Arme um mich, wir sitzen auf der Treppe, ganz still halten wir uns fest. Beide barfuß im Meer aus Schuhkartons.

Das Gewicht der letzten Worte

*E*s ist so schön, dass du noch mal da warst. So schön, dass du noch mal da warst.«

Mama liegt in ihrem schrecklichen Krankenhausbett. Ich ahne Schlimmes und traue parallel meinen Gedanken nicht mehr über den Weg. Die sind jetzt oft hysterisch, laut und viel brutaler als das Leben. Instinkt ist etwas für Romantiker und Bestandteil positiver Zufälle, beim Sterben will man den nicht. In der Tür drehe ich mich noch einmal um. Mama lächelt und winkt. Es soll das letzte Bild meiner Mutter sein.

Je länger Mama tot ist, desto mehr denke ich an diesen letzten Moment, unsere Verabschiedung, zurück. Hätte ich sie noch öfter umarmen sollen, so gut es eben noch ging mit den Kanülen? Mehr, als ich es getan habe? Hätte ich ihr noch letzte liebe Worte bei vollem Bewusstsein sagen sollen? Mehr noch, als ich es getan habe?

Diese Fragen stellen sich viele Menschen, die jemanden verloren haben, stelle ich fest. Besonders natürlich die, die mit dem Tod ihrer Lieben gar nicht gerechnet haben. Oder auch diejenigen, die trotz einer längeren Zeit des Abschieds nie offen und ehrlich gesprochen haben.

Mama sitzt an unserem letzten gemeinsamen Tag in meinem Leben also im Bett und muss plötzlich würgen – eine Nebenwirkung der Chemotherapie. Dieses unwürdige Würgen macht mich so unendlich traurig. Das hat sie einfach nicht verdient, niemand hat das. Ich bin vollkommen erschöpft von der Hin-und Herfahrerei zwischen unserem Hauptwohnsitz an der Ostsee, unserem Zweitwohnsitz in Sachsen und der Klinik und hatte schon überlegt, den Besuch ausfallen zu lassen. Ich wollte nicht, dass sie mir die Erschöpfung und die Sorgen ansieht, ich wollte ihr den zusätzlichen Kummer ersparen und auch ganz egoistisch etwas Kraft tanken. Doch dann habe ich mich umentschieden, Q10 gegen den oxidativen innerlichen Stress eingeworfen, Puder aufgelegt, Blumen gekauft, ins Auto gesetzt. Ich will nichts bereuen müssen. Das gilt, seitdem dieser Krankenhausmarathon begonnen hat. Ich tue alles bis zur Erschöpfung für meine Mutter oder in erster Linie wohl für mich. Ich koche Suppe, obwohl sie nur drei Löffel isst, ich bringe kleine Präsente, Fotobücher, Deko und Zeitschriften mit, obwohl es vielleicht nur 30 Sekunden Ablenkung vom Knochenkrebs bedeutet oder sie die *Bunte* oder die *Gala* schon nicht mehr festhalten kann. Egal. Ich biete ihr auch Gespräche zum Thema Tod an, denn ich stelle es mir schlimm vor, wenn sie gerne darüber reden will und alle das Thema leugnen, umgehen oder sagen: »Das wird schon wieder.« (Aber offenbar bespricht man so etwas nicht mit seinem Kind, stelle ich fest, sondern eher mit dem Partner. Auch okay und irgendwie biologisch logisch, finde ich im Nachhinein.) Nur an diesem Tag, unserem letzten, guckt sie mich an und antwortet auf meine tägliche Frage, ob heute ein guter, schlechter oder okayer Tag sei: »Wie es mir geht? Ich kann dir gar nicht sagen, wie es mir geht, Anna.« Ihr Gesichtsausdruck scheint zu sagen: Ich finde keine Worte mehr dafür. Und meine Mutter ist mehr als eloquent, eigentlich. Erschöpft sieht sie aus. Die Schwester kommt. Alle zwei Stunden muss sie gewendet werden, damit der Rücken durchs ewige Liegen nicht noch wunder wird.

Karlotta malte derweil für Omi Bilder am Schreibtisch ihres Krankenzimmers auf der Palliativstation in Eutin. Ein kalter Januartag. Etwas Sonne fällt durch die Terrassentür und auf die Bilder, die wir schon aufgehängt haben. Aber meine Tochter ist genervt, der Besuch heute dauert schon ein paar Bilder zu lange. Und dann bricht ihre Mama auch noch in Tränen aus, was sie gar nicht mag. Zwar lautlos, aber die Tränen tropfen eben ziemlich nass und sichtbar aufs graue Krankenhausbett. Meine Mutter versucht, mich zu trösten:

»Warum weinst du denn?«

»Weil es mir so leid tut, dass du immer so würgen musst.«

»Aber, Anna, ich habe doch nur ein bisschen gewürgt. Das ist doch nicht schlimm.«

Sie lächelt mich an. Meine Mutter, zeitlebens eine starke und tapfere Frau, in jedem Alter bildschön, dunkler Teint, dickes Haar, mit dem man jedes Shampoo hätte bewerben können, als junges Mädchen immer wieder als Model fotografiert, mit eher breiteren als schmaleren Schultern, meine Mutter, die jetzt ganz klein ist, geschrumpft, zart, mit spitz hervortretenden Schulterknochen, fast wimpernlos, mit grauem, da zum ersten Mal nicht nachgefärbtem Haaransatz, dünnen Ärmchen, einem kleinen OP-Buckel und zitternden Fingern, sitzt in ihrem Bett, mit Mühe, und lächelt mich an.

»Es ist nicht so schlimm«, sagt sie und nimmt meine Hand. Umarmen können wir uns schon lange nicht mehr richtig, da ihr ein Zugang gelegt wurde und ich ihr bei einer Umarmung die Nadel nur tiefer in die Brust gerammt hätte. Sie scheint mir fast zu zart, um sie zu berühren. Und so halten wir fast immer eine gewisse Zeit einfach nur unsere Hände. Ich streiche also wieder über ihre Hand und gehe.

Neulich fand ich Post von früher. Ich habe ihr Fotos, Briefe und Postkarten ins Krankenhaus geschickt, wenn ich arbeiten musste und sie nicht besuchen konnte. Oft habe ich ihr geschrieben, wie lieb ich sie habe, wie dankbar ich ihr bin, dass sie alles richtig gemacht habe mit mir. Immer und immer wieder. Es tat gut, das festzustellen. Ich habe also nichts versäumt. Gerne hätte ich ihr noch mehr Liebes auf ihren letzten Weg mitgegeben, aber das Wissen, dies schon in der Zeit davor getan zu haben, erleichterte mich. Beim Ausmisten fand ich sogar Briefe an meine Mutter aus meiner Teenagerzeit, als ich ein halbes Jahr in Frankreich lebte und ins Lycée ging oder als sie zwei Wochen nach ihrer ersten von vier Krebserkrankungen in einer Privatklinik in Bad Wiessee versuchte, sich zu erholen. Auch als Teenie schrieb ich ihr, dass sie als Mama hundert Punkte gemacht habe, dass ich sie vermisse, dass sie die beste Mama der Welt sei. Ich habe es richtig gemacht. Am besten ist es doch, zu Lebzeiten unsere Lieben immer wieder festzuhalten und ihnen zu sagen, was sie uns bedeuten. Ganz gleich, was für ein banaler Tag heute auch sein mag. Nicht erst, wenn wir das letzte Mal aus der Tür gehen und nicht mal wissen, dass es überhaupt das letzte Mal sein wird. Wie mir die Mutter meiner ersten großen Liebe Daniel schrieb: »Das Leben ist wie eine Zugfahrt mit all den Haltestellen, Umwegen und Unglücken. Wir steigen ein, treffen unsere Eltern und denken, dass sie immer mit uns reisen, aber an irgendeiner Haltestelle werden sie aussteigen, und wir müssen unsere Reise ohne sie fortsetzen. Doch es werden viele Passagiere in den Zug steigen, unsere Geschwister, Cousins, Freunde, sogar die Liebe unseres Lebens. Viele werden aussteigen und eine große Leere hinterlassen. Bei anderen werden wir gar nicht merken, dass sie ausgestiegen sind. Es ist eine Reise voller Freuden, Leid, Begrüßungen und Abschied. Der Erfolg besteht darin: zu jedem eine gute Beziehung zu haben. Das große Rätsel ist: Wir wissen nie, an welcher Haltestelle wir aussteigen müssen. Deshalb müssen wir leben, lieben, verzeihen und immer das Beste geben!«

Mama ist an der letzten Haltestelle ausgestiegen und ich fahre weiter. Dabei hätte ich sie gerne noch eine Weile bei mir gehabt. Aber sie wusste beim Aussteigen, wie sehr ich sie geliebt habe. Und ich weiß, dass sie mir nur so tapfer zugewunken hat, um ihrem Kind die Weiterfahrt so angenehm wie möglich zu machen. So sind Mütter. Und so werde ich es bei Karlotta auch machen. Nur dass Karlotta vorher dieses Buch lesen kann. Und vielleicht wird sie sich selbst an die Omi erinnern und an ihr Lächeln und ihre letzten Worte: »Nicht so schlimm.« Und: »Es ist so schön, dass du noch mal da warst.«

Nächster Halt: ohne Mama. Ohne Omi. Bitte Achtung: Türen schließen. Für immer.

Mama goes to New York

Sarah Hubert ist auf dem Weg zur German School, um ihren Sohn Arlo abzuholen. Ihre roten Locken stecken unter einer deutschen FTC-Cashmere-Mütze – ein Geschenk ihrer verstorbenen Schwiegermutter. Sie muss ein paar Blocks laufen, um an ihr Ziel zu kommen, und zieht den Zipper an ihrem Parka noch höher. Es ist kalt in New York, freezing, denkt sie, während sie durch den Schnee stapft. Sarah ist 39 Jahre alt, studierte Zahnärztin, San-Francisco-Girl. Positiv, fröhlich, durchsetzungsfähig, taff. Gerade erst hat sie angefangen, ihre eigene Zahnpasta zu entwickeln. Dr. Hubert's verkauft sich gut, ist ohne Chemie und ihre strahlend schönen Zähne sind natürlich auch ein mehr als überzeugendes Verkaufsargument. Sarah ist eine realistische Frau. Sie weiß, dass von nichts nichts kommt und was sie will. Momentan hat sie es nicht leicht: Ihr Mann hat seinen Vater verloren, dann, kaum ein halbes Jahr später, seine Mutter. Und er ist ein sehr einfühlsamer Mensch, der seine Eltern beide sehr geliebt hat, ein Künstler, ein Musiker. Mein Bruder.

Sarah ist zu früh und so wartet sie vor der Schule. Arlo wächst in Brooklyn auf, wird geliebt ohne Ende und hat die Chance, zweisprachig groß zu werden. Sein Vater ist Amerikaner, da unsere Mutter in erster Ehe den Amerikaner John geheiratet hat. Ihr Leben hat sie aus dem beschaulichen Hessen – genauer gesagt Eschwege – nach Washington, Pennsylvania und Bloomington geführt: Partys, Country Clubs, Großfamilien, Sorglosigkeit, Reisen nach Europa, Venedig hier, Le-Mans-Rennen da. Nach sechs Jahren scheiterte die junge Ehe, und unsere Mutter ging mit 31 und meinem Bruder nach Deutschland, um mit meinem Vater zu leben. Nur wurde mein Bruder mit Deutschland nicht so ganz warm, vermutlich trugen auch die Drei in Englisch dazu bei (»Sein Englisch ist zu amerikanisch, Frau Funck, wir lehren hier britisch!«), die Jägerzäune, die Spießigkeit der 80er, und so ging er zurück, um Musik zu studieren und später um die ganze Welt zu touren mit Bands wie den *Black Crowes*, *Neil Young* oder *ACDC*. Bis er diese tolle Zahnärztin traf und mit ihr Arlo bekam. Einziger Haken: Mein Bruder ist meistens zu faul, mit seinem Sohn deutsch zu sprechen. Deshalb die German School, denn Sarah sieht es nicht ein, das bilinguale Erbe zu verschwenden. Recht hat sie. Und während ihr Atem kleine Wölkchen vor dem Schulhof bildet, tritt ein kleines Mädchen an sie heran. Zwei Jahre alt. Sie guckt an Sarah hoch und fragt: »Wer ist das da bei dir? Eine Freundin?«

Sarah dreht sich um. Da steht niemand. »Wer denn?«

Das kleine Mädchen zeigt neben Sarah. Ins Nichts.

»Aber da ist doch niemand. Ich bin allein hier.«

Eine Mutter, die neben Sarah steht, sagt: »Wer weiß. Vielleicht ist heute jemand mit dir hier. Mein Sohn hat auch solche Wesen gesehen, bis er drei war.«

Meine Schwiegermutter, denkt Sarah, sie ist hier. Sie will uns noch mal sehen. Arlo kommt zur Tür raus. »Are you crying, mommy?«

»No, I am just happy. Maybe it's the cold. Let's go, Arlo.«

Trauern: Aber bitte nur so,
wie die anderen es erwarten

Sie hat gerade erst ihre Mutter verloren. Und jetzt habe ich sie lachend in der Stadt gesehen. Saß vorm Kaufrausch in Eppendorf, mit einer lebensverkürzenden Kippe in der einen und 'ner Latte in der anderen. Lachend! Finde ich unmöglich.«
»Seltsam«, stimme ich meiner Freundin zu.

Dieser Dialog liegt gut ein Jahr zurück – vor Mamas Kernspinn und der schlechten Nachricht, dass der Krebs wieder da war und gestreut hatte. Häufiger kommt mir dieses Telefonat wieder in den Sinn, nur dass ich jetzt jemand anderes bin, jemand, der die Situation völlig anders sieht. Ich weiß jetzt, wie man lachend einen Moment genießen kann, obwohl man frisch verbrannt und angekokelt aus der Hölle kommt. Einfach weil man ihn braucht, um nicht in die totale Depression zu fallen. Weil es auch heilsam sein kann, mal abzuschalten von der Realität. Ähnlich wie bei einem gezerrten Muskel, dem man kurz mal eine Auszeit gönnt, damit er sich erholen kann. Und weil man weiß, dass der Verstorbene einem diesen Augenblick gewünscht hätte. Trauern ist mit so vielen Erwartungen verbunden, ähnlich allen anderen moralisch-familiär angehauchten Dingen wie: Die Braut soll schlank, die Witwe verheult und das Baby bitte kindchenschema-niedlich sein. Da möchte man sich nur umdrehen und sagen: »Ihr könnt mich alle mal! Ich muss Mamas Tod überleben, nicht ihr! Und egal, was ich dafür brauche, ich werde mir diese Momente der Leichtigkeit nehmen, nehmen müssen, weil es gar nicht anders geht! Basta!«

Ich treffe bei einem Bummel eine Freundin, die mich prompt fragt: »Trägst du schwarz wegen deiner Mutter?«

Und ich sage: »Nein, eigentlich, weil ich es schick fand und mir schwarz gut steht.«

»Ach so ...« Pause.

Möglicherweise hatte es doch auch unterbewusst etwas mit meiner Stimmung zu tun, dass meine Wahl auf Schwarz gefallen war, aber eigentlich sehe ich in Beige und Pastellfarben nun mal aus wie eine Leiche, daher trage ich grundsätzlich gerne dunkle und kalte Töne. Herbsttyp nennt man das, glaube ich. Mein Gegenüber war offenbar fast enttäuscht.

Fakt ist: Jeder trauert anders. Und das Recht auf eine Auszeit, um die Kraft zu schöpfen, weiter zu machen, ist wichtig.

Nachdem der Vater meiner lieben Freundin Ulrike zwei Monate nach meiner Mama gegangen und die Beerdigung mit dem schweren Trauermarsch hinter dem Sarg vorbei ist, schreibe ich ihr eine WhatsApp-Nachricht, um sie zu fragen, wie es ihr »die Tage danach« ergangen sei. Ihre Antwort: »Liebe Anna, danke für deine lieben Nachrichten. Ich habe gestern früh meine Jungs eingepackt und die zu Weihnachten geschenkten Musicalkarten eingelöst. Mittags indisches Essen, bunte Welt, Musik, Verzauberung, abends Dinner mit Freunden, ausschlafen, Frühstück auf dem Fischmarkt, bummeln in den Tag. 28 Stunden alles außer traurig. Ich war weg. Und das war gut so. Einfach alles zurücklassen. Keine Sorgen machen. Keine Angst, wenn das Telefon klingelt. Ich erzähle jedem von meinem Vater, seinen Weisheiten, seinem Lieblingssatz, seinen Thesen. Das tut gut. Mein Kopf ist randvoll und leer zugleich. Ich umarme dich.«

Ich tippe: »Alles richtig gemacht.« Dazu ein pumpendes Herz. Hat nicht jeder das Recht auf ein bisschen Leichtigkeit? Ich sehe Mamas Gesicht vor mir, wie sie lächelt und sagen könnte: »Gönn dir das! Wenn dir heute etwas Schönes passiert, versuche es sofort auszukosten, ziehe es wie Kaugummi in die Länge. Woher willst du wissen, dass es morgen noch so sein wird? Genuss ist nur im

Hier und Jetzt. Und vielleicht brauchst du morgen mehr Kraft und mehr good vibes, die du dir heute irgendwo schnappen und für morgen zurücklegen kannst.«

Die Wissenschaftlerin Verena Kast stellt Ende der 70er ein Modell der Abfolge von Trauerphasen zusammen. Eigentlich gut, finde ich, als ich darüber stolpere, denn ich mag Orientierung, Theorie, Analysen. Davon picke ich mir grundsätzlich gerne etwas raus, was für mich passt. Aber es gibt auch immer wieder Kritik daran: Was, wenn die Phasen so gar nicht zum eigenen Prozess passen? Wenn wir eine auslassen? Springen? Zurückfallen? Machen wir dann etwas falsch? Mein Bruder und ich weinen viel, er fast regelmäßig, ich mit Pausen mehr situationsbedingt; wir nennen es liebevoll »notwendiges Abheulen«. Wer macht's nun richtig oder besser? Merken Sie's? Eben.

Nach Kast sollte das, um es für alle, die so ungeduldig sind wie ich mal im Schnelldurchlauf zusammenzufassen, so ablaufen: Erst leugnen wir im Schockzustand, das ist die »Wattephase« Nummer eins, oft gepaart mit Herzrasen, Unwohlsein, Schlaf- und Appetitlosigkeit. Dann kommt Phase zwei mit aller Macht: Emotionen, also Schmerz, Trauer, Einsamkeit, Depression, Verzweiflung, aber auch Erleichterung in Kombination mit einem schlechten Gewissen (auch wenn man froh ist, dass der Leidensweg ein Ende hat, schämt man sich ja, dass man auch erleichtert über den Tod sein kann, wenn er zeitgleich ein Loch reißt). Gefolgt von Phase drei, die Erinnerung und Aufbruch bedeuten soll, sprich bewusstes Abschiednehmen, Erinnern, auch Kommunizieren mit dem Toten, sogar dem Hören seiner Stimme. Daran schließt Phase vier: Zurücktasten ins Leben, Neuorientierung, gerne mit dem Verstorbenen als inneren Begleiter im Gepäck.

Zeitlich begrenzt ist keine Phase, aber Druck verspüren kann man als Trauernder trotzdem. Was, wenn man dem Modell so gar nicht entspricht? Oder eine Phase auslässt? Ist das gesund? Oder es irgendwie nicht ganz richtig macht so wie ich. Ich bin nie aus dem Leben ausgestiegen. Habe trotzdem immer gearbeitet, allein schon um mich abzulenken. Schon Carnegie hat geschrieben: »Ich muss mich mit Arbeit betäuben oder ich sterbe an Verzweiflung.« Unterschreibe ich sofort. Nicht dass Frau Kast das Büro, den PC oder Konferenzräume zur verbotenen Zone erklärt hätte, aber ich nehme an, dass man in der Schockphase nach ihrem Modell eher nicht arbeitet. Mit Herzrasen und Panikattacken zumindest schwierig. Wobei das in meinem Job Alltag ist. Nur arbeiten Fernsehleute konsequent dagegen an, mit übermäßigem Kaffee- und Kippenkonsum. (Ich übrigens nicht – ich esse strategisch Schokolade und beschimpfe dann meinen Mann, bis wir lachen.)

Am Vortag der Todesnacht meiner Mutter sitze ich vor Guido Maria Kretschmer, den ich sofort ins Herz schließe, und genieße es, mit ihm über Mode, Opernbälle, Kleider und Lebensqualität zu philosophieren. Mama schläft zu dem Zeitpunkt durchgehend. Etwas wackelig fühle ich mich, aber ich weiß, wie ich das überspiele und dass ich mich auf meine Maskenbildnerin verlassen kann. Das Arbeiten tut gut – es fühlt sich wie Urlaub vom Schmerz an. Wissenschaftlerin Kast hätte mich bestimmt komisch gefunden – eigentlich hätte ich ja quasi kurz vor »Schockzustand« sein müssen. War ich ja innerlich auch, nur äußerlich nicht. Arbeiten tat einfach gut. Und vielleicht hat sie ihr Erwartungsmodell ja auch schon wieder relativiert. Wer weiß?

Ich habe zumindest eins gelernt: Ich trauere, wie ich will, und lasse mich nicht in Phasen pressen. Meine Seele gibt Weg und Tempo vor.

Wann immer ein Trauernder jemanden verstört, der noch keinen Verlust ertragen musste außer den letzten Sommertagen, einer verwelkten Zimmerpflanze oder einer faltenfreien Stirn, hier mein Tipp: Nicht verurteilen! Denn übermorgen trauern Sie vielleicht, und zwar so, wie Sie es sich nie hätten vorstellen können.

Shame on me oder Das Gefühl der Erleichterung

Sich einzugestehen, dass man über den Tod seiner Mutter auch ein Stück weit Erleichterung fühlt, ist ungefähr so, wie glücklich den Koffer des Kindes für das Vater-Wochenende mit dem Ex-Mann zu packen und sich parallel zu überlegen, welche Unterwäsche man für den neuen Lover anzieht oder sich wie Bolle auf einen Kosmetiktermin ohne Zeitdruck zu freuen: Man fühlt sich schlecht. Schließlich liebt man den kleinen Menschen ja über alles und vermisst ihn schon nach wenigen Stunden, fragt sich, ob es ihm auch gut geht. Und doch ist da dieses Gefühl der Erleichterung: mal keine Verantwortung, mal nur ICH, nur man selbst sein. Gleiches gilt auch ein bisschen für eine tote Mutter. Auch wenn es gesellschaftlich irgendwie verboten erscheint oder vielleicht nur dem Trauernden selbst: Es gibt auch diese Gefühle. Das Einfach-mal-Abgeben. Gefühle, die sich einem aufs Gemüt legen wie ein Briefbeschwerer.

Sigmund Freud schreibt sogar von einem »Zuwachs persönlicher Freiheit« im Zusammenhang mit dem Elterndahinscheiden. Denn Eltern generell können natürlich auch Erwartungen hegen, Druck ausüben, belasten. Ich ertappe mich dabei, dass ich erleichtert bin – vor allem, wenn ich daran denke, wie meine Mutter als Pflegefall gelebt hätte. Wie sehr sie ihr Leben dann gehasst hätte. Oder daran, wie müde und kaputt ich war von den ständigen Autofahrten ins Krankenhaus. Jede Fahrt ließ mich gefühlt im Zeitraffer altern. Mit 35 eine alte Frau, die sich in ihr Auto schleppt, das in kürzester Zeit über 100.000 Kilometer auf dem Tacho hat.

»Irgendwie fühle ich mich auch stärker, irgendwie«, hat mein Bruder unmittelbar nach ihrem Tod zu mir gesagt. Auch dieses Gefühl kenne ich. Eine Instanz ist weg, eine Instanz, die auch mal kritisiert hat. Wenn auch immer in einem Maß, das vollkommen in Ordnung war, das nie in mir hat Zweifel aufkommen lassen, wie sehr sie mich, uns geliebt hat. Dennoch gab es diese Momente, in denen ich auch mal enttäuscht war. Wenn meine Mutter mich als »zu laut« bezeichnete, obwohl sie damit vollkommen recht hat, zumindest in meinen wilden Zwanzigern – beim Gedanken daran muss ich kurz schmunzeln. Selbst im Krankenhausbett hat sie schulterzuckend gegenüber anderen noch erwähnt: »So ist sie eben, laut.« Etwas zu viel Kritik für meinen Geschmack schwang da mit. In diesem Moment hätte ich mir etwas mehr Rückendeckung gewünscht. Etwa: »Na, zwinkerst du den Chefarzt an? Der findet dich wohl gut.« Tatsächlich klang es aber so: »Musst du jedem gefallen wollen, Anna?« Dabei wollte ich nur eins: die bestmögliche Zuwendung durch den Chefarzt für sie. Wie jedes Kind eben für seine Mutter.

Solche Sätze gibt es nun nicht mehr, nur das Echo in meinem Kopf. Eltern stehen nicht nur für Fürsorge, sie sind genauso ein Korrektiv, unser Gewissen, erteilen Absolution. Wie oft habe ich mir die Legitimation für etwas von meiner Mutter abgeholt? Gerne auch für zu teure Stiefel, »die Klassiker, die man Jahre trägt«. Da war wirklich jede Saison Verlass auf sie: »Ein Paar gute Stiefel brauchst du, Kind.«

Meine Mutter hat gerne teuer geshoppt. Meine gesamte Kindheit über habe ich noch nie einen Deichmann-Laden betreten.

»Man muss sich auch mal etwas gönnen! Und du arbeitest so viel und so hart.« Danke, Mama. Jetzt muss ich alleine mit meinem Gewissen ringen. Alleine entscheiden, ob ich das zu laute rote oder das dezente nudefarbene Kleid zum Dresdner Semperopernball trage.

»Das bist du doch gar nicht. Und deine Haare müsstest du echt mal wieder etwas kürzen!«

Nie wieder Mamas Geschmacksurteil, wobei wir ja sowieso fast immer einer Meinung waren. Vielleicht nicht bei der Tote Bag aus L.A. Allein die Erinnerung an ihren Blick, als ich mir diese mit goldenen Pailletten besetzt Riesentasche für 29 Dollar bestellte. Ich fand sie toll und war kurzzeitig beleidigt, als Mama sagte: »So was Hässliches!«, immerhin war die von Kitson. Den Laden gibt es heute nicht mehr. Pleite. Warum auch immer ...

Jetzt sagt keiner mehr etwas zu meinen Taschen. Zu meinem Lautsein. Meinen zu teuren Stiefeln. Urteilt über meinen Geschmack. Nur ich selbst. Eine neue Freiheit. Keine, die ich wollte, aber ein neues Stück Land, das ich erkunden kann. Und ein Landstreifen, auf dem es sich manchmal auch etwas leichter wandern lässt. Für einen Moment jedenfalls. So viel muss ich mir dann doch eingestehen. Ich erfinde mich in diesem Punkt einfach neu. Weil ich es muss. Weil ich es kann. Und weil Mama am Ende auch weiß, dass es richtig so ist. Und ein bisschen Schuld gebe ich hiermit zurück. Tschüs, schlechtes Gewissen! Dich nehme ich nicht mit. Aber, Mama, deine Kritik hätte ich auch ruhig noch zehn, zwanzig Jahre in Kauf genommen ...

Über das verlorene Zuhause der Kindheit

Meine Mama: Das ist ein Duft von Nina Ricci, L'air du Temps, um olfaktorisch genau zu sein, getoastetes Baguette mit dick Camembert. Ihr selbst gebackenes Dattelnussbrot und ihr American Cheesecake. Ihre in sich gedrehten Cartier-Kreolen und Kaschmirtücher. Nein. Das war. Sie ist ja tot. Der Gedanke erschrickt mich nach Monaten immer noch. Die letzten Sprühstöße der letzten Flasche L'air du Temps versprühe ich in ihrem Garderobenschrank, aber es fehlt die Basisnote, ihre Haut. Ich wickle mir einen Kaschmirschal um den Hals, den sie mal in Kampen auf Sylt gekauft hat, aber es ist nur noch ein Schal. Ausgeduftet. Das Rezept für ihr Dattelnussbrot und den Käsekuchen, die es immer an Weihnachten gab, muss ich noch suchen in ihren handgeschriebenen Rezeptbüchern. All diese Dinge hüllen mich ein. Wie sie über die Galerie geht mit leuchtend roten Lippen, das Parfüm schraubt sich in Spiralen gen Decke hinauf, und mir eine »gute Nacht!« wünscht, weil sie bei Freunden eingeladen sind, mein Babysitter schon auf meiner Bettkante sitzt und vorliest. Und während ich durch ihre Parfümvorräte stöbere – sie ist auch durchaus mal fremdgegangen mit Guilty von Gucci, Allure von Chanel oder Paris von Balenciaga –, wird mir eins klar: Mir ist ein Zuhause weggebrochen, mein Zuhause der Kindheit. Auch wenn mein Vater noch lebt und es weiter verkörpert; geprägt hat es meine Mutter. Klassische Rollenverteilung eben. Bei den beiden ganz klar. Und ich frage mich: Wie abgenabelt bin ich eigentlich? Wie abgenabelt ist meine Generation überhaupt? Ich kenne Frauen in meinem Alter, die ihre Mutter als ihre beste Freundin bezeichnen. Fand ich immer komisch. Meine Mutter ist meine Mutter. Und bitte nichts anderes. Aber als solche ist sie auch meine Geborgenheit, meine ewige Rückendeckung, der Mensch, der mich immer liebt, egal, was ich mache. Selbst wenn man sein eigenes Leben führt, seine eigene Familie gründet, wegzieht; wir leben »in Bezug auf unsere Eltern«, irgendwie. Findet zumindest Autorin Barbara Dobrick in ihrem Buch *Wenn die alten Eltern sterben* und ich pflichte ihr bei. Die einen mehr, die anderen weniger.

Als meine erste Ehe mit 31 scheiterte, überlegte ich, wieder zu meinen Eltern zu ziehen mit meinem Kleinkind. Getan habe ich es nicht, mein Job als TV-Moderatorin und eine vielversprechende Romanze hinderten mich dann doch daran, und es war gut so. Aber der Gedanke war da. Wieder nach Hause kriechen, wieder ein bisschen Kind sein können. Auch wenn ich selbst schon Mutter war. Als frisch gebackene Mama zu Oma fahren ist das Schönste: Dem besten und vertrauenswürdigsten Babysitter der Welt. Mama, die ja wieder Tochter ist, und Enkel werden verwöhnt, Oma managt alles, kocht, beschenkt, spielt stundenlang Verstecken und Mensch-ärgere-dich-nicht. Ich denke, bevor die Eltern sterben, haben viele in meiner Generation zwei Zuhause: das selbst gebastelte mit dem Partner und dann das innerlich-gefühlte bei Mama und Papa. Ein Zufluchtsort. Vielleicht sogar noch mit altem Kinderzimmer.

Doch dieser Ort löst sich mit dem Tod auf. Und wirft die Frage auf: Wie erwachsen bin ich denn eigentlich wirklich? Oder: Wie gut ist mir die Ablösung vom Elternhaus eigentlich gelungen? Oder: Musste sie das überhaupt? Ich hätte gar nicht abgenabelter leben wollen, stelle ich immer wieder fest. Wenn ich zum Beispiel mit meinem Mann zusammensitze, den ich übrigens großartig ausgewählt habe, weil er mir auch ein ungeheures Gefühl von Geborgenheit gibt, und er feststellt, dass ich ein »Mama-Kaibi« bin (also ein Mama-Kalb für alle wie mich, die mit diesem urbayerischen Begriff nichts anfangen können). Das sind offenbar Menschen, die übermäßig bis ins hohe Erwachsenenalter an ihren Eltern hängen. Ich würde mich absolut dazuzählen. Täglich rufe ich an, erzähle, frage um Rat, weine und triumphiere, gebe TV-Termine durch, damit sie mich sehen können. Ich finde das normal. Mein Mann liebt seine Eltern über alles, aber telefonischen Kontakt gibt es vielleicht alle vier bis fünf Wochen. Ähnlich wie mein Bruder es mit unserer Mutter gehalten hat, die sich oft fragte, wie es »dem Jungen wohl geht«. Bis ich ihm eine SMS geschickt habe, er solle sich doch mal aus New York, Tokio, Paris, Instanbul, Honolulu melden. Bin oder war ich jetzt noch zu kindlich oder habe ich nur die engere Verbindung? Wobei mein Bruder eine extrem enge Verbindung zu unserer Mutter hat, sie artikuliert sich nur anders, vielleicht mehr in Momenten als im ständigen Wortfluss. (Jetzt schreibe ich diesen Satz in der Gegenwart, als wäre sie noch da. »Hatte« eine extrem enge Verbindung ...) Oder gibt es da Unterschiede zwischen Männern und Frauen? Andererseits kenne ich auch Frauen, die mit dem Abi in der Tasche aus dem Elternhaus galoppieren und ihre Erzeuger am liebsten ignorieren, wenn sie auf dem Display aufleuchten.

Fakt ist: Die meisten meiner Freundinnen klagen Mama Freud und Leid, täglich. Vielleicht glucken die Kinder und Mütter der 80er auch einfach mehr als die Generationen vor ihnen. Komplette Abnabelung ist ja fast verpönt oder zeugt von einem schlechten Verhältnis. Ich selbst würde mir wünschen, dass meine Tochter mich irgendwann mit 20 anruft und mir ihr Leid klagt, damit ich sie trösten kann. Unabhängige Frauen, erfolgreich im Job, in einer Partnerschaft lebend, mit Familie oder Hund, sind wir schließlich dennoch alle geworden. Nur wenn dann der Tod kommt, Mama sich aus dem Staub macht, egal ob unerwartet oder angekündigt, dann müssen wir unsere innere Welt erst einmal doppelt flicken. Ist das dann das endgültige Erwachsenwerden? Das Zuhause der Kindheit beerdigen, das wir im Herzen in jede neue Stadt, jeden neuen Job, jede neue Liebe mitgeschleppt haben? In uns müssen wir etwas wieder neu aufbauen. Allein. Ich vielleicht, indem ich das Dattelnussbrot backe, hin und wieder Mamas Kaschmir-Relikte umwickele und mir trotz Glutenabstinenz hin und wieder

Baguette toaste und dick Camembert drauflege? Mein Fazit: Ich war gerne nicht perfekt abgenabelt. Und ich behaupte, auch mit 69 fühlt sich eine Frau, die ihre 95-jährige Mutter verabschiedet, wieder wie ein Kind. Oder wie mein Freund Sascha sagen würde: »Die Frau, die dich geboren hat, zu Grabe zu tragen, ist unerhört.« Entscheidend ist letzten Endes nur eins: wie gut ich mir meine neue innere Welt bastele. Das tue ich eigentlich schon seit Mamas erstem Nicht-mehr-Atmen. Und irgendwas sagt mir, ich bin auf einem guten Weg. Auch als Mama-Kaibi. Ich stelle das Parfüm in ihren Schrank zurück und lächele. In meinem inneren Zuhause der Kindheit wird der Duft immer durch die Luft wabern, auch wenn diese kleine Flasche schon lange leer ist.

Sind Kontrollfreaks schlechter im Trauern?

*J*ch habe damit überhaupt gar kein Problem: Ich bin ein Freak. Ein Kontrollfreak. Am liebsten mache ich alles selbst. Da weiß ich wenigstens, was ich bekomme. Und ich weiß auch: Das ist anstrengend. Beim Fernsehen muss man abgeben können. Kann ich, wenn ich mit meinen Lieblingskollegen arbeite. Mit meinen bevorzugten Kameraleuten, Maskenbildnern, Cuttern. Auch beim Fliegen habe ich mich jahrelang schwergetan: die Geräusche bei so manchem Lufthansa-Kranich, Turbulenzen, Fahrgestellprobleme in Dubai, Orkanböen über Hamburg, eine Beinahe-Bruchlandung in Glasgow mit Eisbremsen; ich habe schon ein paar weniger schöne Flüge hinter mir. Die Angst vor der Angst überkam mich dann gerne am Vorabend bevor es nach Neu-Delhi oder Istanbul ging. Irgendwann kam der Tag – nach zwei Jahren fast wöchentlichen Fliegens für ein Weltformat, das ich moderiert habe –, da bin ich in den Vogel gestiegen wie Stromberg in den Bürofahrstuhl. Der Psychokrieg mit mir war vorbei. Ich hatte mich im Griff. Ich konnte sogar lesen. Okay, nichts großartig Intellektuelles wie *Der Turm*, sondern eher Tommy Jaud, *Bunte* und *Gala*, aber das war mir nach teilweise 16 Stunden Moderation oder Filmdreh auch vollkommen genug. Die Angst flog nicht mehr mit. Ich war tatsächlich regelrecht gleichgültig. Ich kannte auch jede Bewegung des Landeanfluges, des Starts, jede Klappe am Flügel, jede Drehung je nach Landung in München oder Hamburg. 30 Minuten vor Landung geht der Flieger in der Regel ja schon runter. Außerdem hatte ich mir angewöhnt, immer erste

Reihe, Gang, zu sitzen. Und zwar aus drei Gründen. Erstens: Dort kommt man beim Umsteigen am schnellsten raus und vermeidet Stress. Zweitens: Vorne wackelt es bei Turbulenzen immer am wenigsten und drittens: atmet man erst ab Flügelhöhe schön Abgase ein. Die erspare ich mir gerne, zumal Airbus ja leider clevererweise gerne die Abgase mit der Sauerstoffzufuhr kombiniert. Kurz: Ich war saucool und habe die frisch gebackenen Junior-Manager auf dem Klassiker-Flug Zürich-Hamburg beruhigen müssen, die noch nicht so abgebrüht waren. Oder, okay, ich fühlte mich so.

Die Frage, die mich seit dieser Radikal-Angst-Kur durch Routine plus Abstumpfung beschäftigt, ist: Kann ich das auf alles übertragen? Auch auf die Trauer über Mamas Hinüberschlafen? Generell haben es Kontrollfreaks ja schwerer im Leben. Wie oft müssen wir loslassen. Immer, wenn wir nicht die Experten sind, immer, wenn wir keine Wahl haben: als Beifahrer, auf dem OP-Tisch, im Apple-Store (Okay, Letzteres ist zu schaffen). Aber einem anderen Experten ausgeliefert zu sein, kann auch anstrengen. Bei der Trauer kommt diese Ohnmacht voll zum Tragen. Ich bin ihr ausgeliefert oder besser einem Prozess, über den ich nichts weiß.

Je länger Mama tot ist, desto mehr denke ich, dass die Trauer um sie schon vor ihrem Sterben begonnen hat. Absoluter Tiefpunkt: als sie nach OP Nummer fünf kurz ihr Gedächtnis gegen eine Art gedanklich manifestierten Brei eintauscht. Da ich nicht an ihrem Bett sitzen kann in diesen Tagen, telefonieren wir. Sie ist absolut überzeugt, dass wir ohne sie geheiratet haben. Dabei haben wir unsere Hochzeit Mitte September quasi übers Knie gebrochen. Eben weil wir nicht wussten, wie lange sie noch da sein würde. Es war eine schöne Feier, auch traurig, aber auch heiter. Sie war der einzige Elternteil, der rechtzeitig ein Foto vor dem Standesamt einforderte. Deshalb gibt es nur zwei Arten von Bildern direkt nach der Trauung: wie wir aus dem Standesamt kommen, meine Tochter streut Rosenblätter und unsere kleine Gästeschar von 20 Mann pusten uns Seifenblasen entgegen. Und dann das Foto mit Mama, wie sie zwischen meinem Mann und mir steht, etwas zerbrechlich, etwas stolz. Auch wenn es meine zweite Hochzeit ist, dafür dieses Mal die richtige. Sie trägt ein orangenes Kostüm, dazu cognacfarbene Loafer, Goldschmuck, sie sieht fast hübsch aus, wäre sie nicht todkrank und unter dem Kostüm so abgemagert und spitzknochig wie noch nie. Ihr dickes Haar fällt schöner als bei manch gesunder 73-Jährigen, es ist zwei Tage vor ihrem 74sten Geburtstag. Ich wollte immer im September heiraten, weil es einer der schönsten Monate ist, eigentlich passt alles. (Außerdem sagt Haargott und Stylist Sascha Kuschel, da sitzen die Haare am besten.)

Die Sonne scheint, erst spät am Abend fällt Regen, der sich mit einer Himmelszeichnung ankündigt, die auf unseren Fotos aussieht, als würde ein Orkan über uns hereinbrechen. Unheil verkündend. Leider wenige Monate später nur allzu wahr. Nach der OP ist Mamas Erinnerung an diesen Tag für eine Woche wie gelöscht. Sie ruft mich immer wieder an, erzählt mir, dass sie im Krankenhaus unangekündigt verlegt wurde und wie ich ihr antun konnte, ohne sie zum Standesamt zu gehen. Ich weine mehrfach am Tag, im Auto, heimlich im Easy Link (der Wagen, der Live-Schalten per Satelit überträgt) beim MDR, nachdem Karlotta im Bett liegt. Mama glaubt mir nicht, dass ihr Gehirn ihr einen bösen Streich spielt. Dann fällt mir das Fotoalbum ein, das ich für sie und meine neuen Schwiegereltern zusammengestellt habe.

»Mama, wenn ich ohne dich geheiratet hätte, warum bist du dann auf den Hochzeitsbildern in dem Album, das neben deinem Bett liegt?«

Ich bin erleichtert. Ich habe die Kontrolle wieder. Doch dann merke ich, wie verzweifelt meine Mutter ist. Die Worte entgleiten ihr. Auch Sprechen geht nicht mehr so gut. Sie begreift, wie matschig ihr Kopf ist. Ich fühle mich noch schlechter. Noch hilfloser. Noch ohnmächtiger. Es ist die schlimmste Phase seit ihrer Erkrankung. Sie ist nicht mehr meine Mutter, sie ist eine verwirrte Person, an der zu viel herumoperiert wurde. Streitet mit meinem Vater, ob die OP nötig war. Ja, sonst wäre sie gestorben, erstickt am aufsteigenden Wasser. Ich fühle mich ausgeliefert, der Willkür der Ärzte, dem Zufall, dem OP-Glück ohne Kunstfehler. Der Chefarzt weiß auch nicht, ob die Verwirrtheit vorübergehend ist oder bis ans Ende ihrer Tage anhalten wird. Der Freak in mir turnt in seiner persönlichen Hölle. Ich beginne, Rotwein zu trinken, jeden Abend eine Pfütze. Aber da ich immer dünner werde, reicht die aus, um mich zumindest etwas gleichgültiger zu machen. Diese Pause am Abend brauche ich, um nicht durchzudrehen. Und außerdem ist Rotwein ja gesund. Fragen Sie die Franzosen oder andere Phenol-Experten! Aber es ist nur ein Kurzurlaub von der Panik, der Ohnmacht, dem Freak-Dasein. Dann lähmen mich Angst, Sorge und Kontrolllosigkeit wieder. Auch über mein Gesicht verliere ich die Kontrolle. Im Spiegel sehe ich in ein leeres, verzweifeltes Antlitz. Ich sehe aus wie einer der grauen Herren aus Michael Endes *Momo*, dem man die Zigarre weggenommen hat. Ich werde auch immer blasser.

Und doch kann ich nichts machen. Auch wenn ich ständig die Begriffe »Verwirrung« und »OP« googele, meine engsten Freunde anrufe, meinen Apothekerfreund Kay immer wieder befrage und damit nerve, es führt zu nichts.

Jetzt einfach sagen: »Übernehmen Sie, Schicksal. Ich füge mich. Ist halt so.« Das wäre es. Kann ich aber nicht. Ich muss kämpfen. Wir erhöhen Mamas Vitamingaben, ich rufe sie ständig an, auch wenn es wehtut und versuche, Bilder zu erwecken. Mein Vater sitzt täglich zwei mal neben ihr. Er ist tapfer, aber wie hält er es nur aus? Sie unterhält sich zwischendurch mit Menschen, die nicht im Raum sind. Wenn sie es merkt, verzweifelt sie. Dann wieder Grundrauschen. Die Sätze fließen nicht mehr aus ihrem Mund.

Wo bleibt die Abstumpfung, die Routine, wenn man sie braucht? Kann ich meine Angst abstellen wie beim Fliegen? Kann ich an die Ärzte abgeben, die aber selbst ratlos wirken? Sich einem Piloten ausliefern ist das eine, einem Arzt vertrauen, der nur mit den Schultern zuckt, das andere. Das Vertrauen in Technik ist nachvollziehbar, das Vertrauen in Gehirnfunktionen von jemandem, der womöglich zu oft operiert wurde, etwas gänzlich anderes.

Ich habe das Gefühl, meinen Kampf gegen den Freak in mir zu verlieren. Plopp macht der abendliche Korken. Ein Glas Rotwein für die Nerven. Reicht bei mir. »Karussell fahren!«, jubeln meine Ängste. Mein Mann muss sich Abend für Abend den gleichen Monolog anhören. Manchmal keimt im Ansatz der Gedanke auf, dass der Tod besser für sie sei. Sie ist ja nicht mehr Mama. Ein Teil von ihr ist schon wie tot. Ihre Persönlichkeit. Um die ich jeden Tag bange, jeden Tag weine. Ist das schon Trauer? Und dann kommt er, der Tag, an dem sie wieder normal ist. Sie ist wieder da. Die Erinnerungen sind zurück. Der Charakter. Die ganzen Sätze. Mama ist wieder da. Hättest du es dir nur leichter gemacht, denke ich. Aber es war ja nicht abzusehen. Nun gut, die sichere Landung des Fliegers, in den ich mich morgens setze, ja auch nicht.

Ich nehme mir vor, ruhiger zu werden, weniger Angst zu haben, weniger kontrollieren zu wollen, loszulassen. Und weiß, dass das Blödsinn ist. Wer kann schon aus seiner Haut? Mamas Tod ist zu dem Zeitpunkt noch ein paar Monate entfernt. Noch hoffe ich. Recherchiere. Lege mich auch mal mit meinem geliebten Vater, dem Schulmediziner, und den Ärzten an, um die Situation ganzheitlich zu verbessern. Für Mama. Für mich. Was dem Freak in mir noch bevorsteht, ahne ich zu diesem Zeitpunkt nicht. Aber immerhin nehme ich mir eins vor: Besser, ich umarme ihn mal, bevor wir beide noch vor die Hunde gehen. Für den Moment sind wir gerade noch mal so davongekommen.

Ich versuche es mal mit Meditation

*I*ch lasse ja ungern etwas aus. Das gilt auch für meine Trauerbewältigung. Heute auf dem Plan: Meditation. Soll ja unge-
mein gesund sein. Aber ob das auch für ungeduldige, zappelige,
schnell sprechende Menschen wie mich gilt, die eigentlich permanent unter Strom stehen, deren To-do-Liste irgendwie immer
überquillt und die beim Sonnengruß immer überlegen, was morgen noch alles ansteht? »Verluste, Trauer nach Todesfall & Kummer loslassen«, lese ich. Okay, bin die richtige Zielgruppe. Das soll
durch intensiven Körperkontakt passieren, also mit meinem eigenen, meiner Seele, meinem Geist. »Bewusstseinserweiternde See-
lenarbeit mit spirituellem Wachstum, Ihr Herz-Chakra wird sich
öffnen, es kommt sogar zur Turbo-Weiterentwicklung«. Ich bin
beeindruckt. All das in einem Ein-Tages-Kurs? »Durch geführte
Meditationen mit Musik, Klangschalen und Gong«. Na dann. Dazu gibt's noch Segnungen aus den höchsten Lichtebenen. Langsam
klingt es wie McDonalds für Spirituelle. »Nimm zwei, zahl eins«
fehlt nur noch. Zugegeben, ich bin etwas gemein heute.

Unsere Kursleiterin sieht aus wie Mitte 20 und hat Spängchen
im Haar, die meine Tochter mit sechs als »babymäßig« klassifizie-
ren würde. Aber, das muss ja nichts heißen. Blond, sommerspros-
sig, freundlich-piepsig und mit viel Sonnenschein aus allen Poren
lächelt sie uns an: hauptsächlich Frauen. Älter als sie. Ich bin die
jüngste. Der Rest ist Ü40 und vermutlich in der Midlife-Crisis.
Übermüdet, optisch eher dehydriert, Jogging-Outfit, mit dem
man sich nicht unbedingt als Fashionista outet. Nicht dass ich fin-

de, dass ich gerade besser aussehe … Na ja, vielleicht doch ein bisschen, und wer will schon neben Typ Kim Kardashian oder Paris Hilton loslassen? Insofern passt alles. In den nächsten 45 Minuten liegen wir auf Yogamatten und lassen uns führen, von Piepsis Stimme. Mir fällt es schwer, diesen hohen Klang zu ignorieren, scheint er einem doch zu sagen, dass dieses nette Mädel vermutlich noch nicht so viel Verlust zu beklagen hat – außer gebröckeltem Rouge oder einem Durchschnittsflirt mit Speichelkontakt, der nicht wieder angerufen hat. Gott, das Leben in den 20ern! Eigentlich eine große Party, leider wusste man das damals ja nicht und fand die Uni, die Jungs, die permanente Überprüfung des täglich gejoggten Körpers anstrengend. Dabei gab es außer ein paar Prüfungsphasen eigentlich gar nichts: Die Eltern brauchten vielleicht die erste Lesebrille, was schon schmerzte, aber nicht weiter tragisch war. Die Männer kamen und gingen und man wusste, ja, bald kommt der nächste, ich muss nur in der U-Bahn einmal zwinkern, und so viele Macken hatten die ja noch nicht, es gab mehr rucksackfreie (keine Ex, keine Scheidungsschlacht, keine Kinder) Leckerbissen. Ausgehen bis fünf Uhr morgens und am nächsten Tag um acht aufstehen? Kein Problem. Verantwortung? Höchstens vielleicht für die nächste Nahrungsaufnahme in Form von Tiefkühlpizza, die mir, welch Glück, keiner ansah. Jetzt: Mama tot, Papa alt, Verantwortung für einen anderen kleinen Menschen. Keine Trennungen mehr, sondern nur noch Scheidungen und Anwaltsbesuche. Wir brüten über Versicherungen, Absicherungen und Verunsicherungen. Der Job ist nicht mehr nur Vergnügen, weil Erwachsene sich ständig am Stuhlbein herumsägen und man das Geld jetzt wirklich braucht – als Berufsanfänger will einem ja keiner was. Dann musst du plötzlich deine Mutter in den Tod begleiten und beerdigen. Das Leben ist ein anderes. Nicht dass ich noch das Leben wie mit 20 führen wollte – nein, ich bin stolz auf mein Mamasein, mein Erwachsenendasein, wie ich die letzten Monate überlebt und gemeistert habe, dass ich einen tollen Job und einen Ehemann habe, der mich reflektiert wie ein Spiegel, wenn er nicht gerade seine fünf Minuten hat und rumzickt. Aber mir jetzt von

Piepsi etwas über Verlust erzählen lassen? Schwierig. Wir sind jetzt an einem Bahnhof, den wir entlanglaufen. Ein einsamer Bahnhof. Mir fällt ein Bahnhof in Sachsen ein, an dem ich nach einem langen Drehtag von meinem Team abgesetzt wurde. Alles nagelneu von der Deutschen Bahn saniert. Nur kein Mensch. Neben irgendeinem kleinen Dorf mit Nazi-Parolen an den Litfaßsäulen. Irgendwann kam aus dem Nirgendwo ein Zug und ich stieg ein. Ich kam auch tatsächlich in Dresden an, aber es war so unwirklich. An diesem Bahnhof bin ich jetzt. Ich soll auf den Menschen treffen, den ich loslassen will, mir seine Haare, seine Nase, seinen Mund ansehen, piepst es von der anderen Seite des Raums zwischen Räucherstäbchen. Dann soll ich Mama in den Zug setzen, sie noch mal angucken, wegfahren lassen. Irgendwann höre ich Piepsis Stimme tatsächlich nicht mehr, ich bin nur traurig, je länger ich an Mamas weiche Haut und ihren Duft denke. Oft schlief sie auf dem Sofa ein und fing in den letzten Jahren an, ein bisschen zu schnarchen. Habe ich dann auch ein Schnarchgeräusch gemacht, nur lauter, und sie ist wach geworden, haben wir beide gelacht. Dann gab ich ihr immer einen Kuss auf die Wange. Und ich weiß noch genau, wie sich ihre Wange angefühlt hat. Gefühlt viel weicher als meine. Richtung Kinn mit dem Pigmentfleck, den die Schwangerschaft mit mir ausgelöst haben soll. Richtung Schläfe mit ihrem dunklen Haar, das immer auf Lockenwickler gedreht wurde. Mama sitzt im Zug, winkt mir.

»Lasst sie los!«, quiekt Piepsi. »Lasst dem Schmerz Platz, gebt ihm Raum, danach kommt neue Energie! Akzeptiert, dass es wehtut. Und dann nehmt Abschied von dieser Person. Lasst sie gehen.«

Die Schlusslichter leuchten. Mama, warum fährst du schon mit 74 weg?, denke ich. 84 hätte doch auch gereicht. Ich war doch gestern noch 20.

»Wisst, dass es dem Menschen gut geht, und geht nun selbst fort von diesem Bahnsteig.«

So richtig wohl fühle ich mich nicht. Ich versuche, wieder aufzutauchen, die Bilder waren mir dann doch zu viel, ich öffne die Augen. Es gongt aus der einen Ecke. Neben mir laufen einer dicken Frau die Tränen auf den mausgrauen Jogginganzug. Auf der anderen Seite lächelt jemand. So unterschiedlich kann Meditation sein. Piepsi erlaubt uns endgültig zurückzukommen. Es gibt grünen Tee und Räucherstäbchennebel für alle.

»Ihr könnt die Mediation immer wieder wiederholen. Manchmal dauert es mit der Verarbeitung. Arbeitet mit dem Bild. Nach und nach wird der Schmerz dann kleiner. Und die Freude über den schwindenden Schmerz wird dann größer.«

Einige nicken. Die Frau, die neben mir gelächelt hat, ist ganz berauscht:»Wow. Das war so gut. Das hat mein Leben verändert. Ich bin wie befreit.«

Ein paar andere gucken neidisch bei so viel Erleuchtung. Ich denke gerade mal gar nichts, und das kann auch schön sein. Ich bin froh, dass ich ich bin. Nicht übermäßig erleuchtet, aber offen genug, um hier zu sitzen. Vielleicht werde auch ich etwas merken, vielleicht in den nächsten Tagen, vielleicht nie. Zumindest habe ich mich dem Bild hingegeben und es versucht. Mamas weiche Wange hängt mir noch etwas nach, aber gleichzeitig freue ich mich, dass ich noch genau weiß, wie sie sich anfühlt. Angefühlt hat. Ich nehme einen großen Schluck Tee und blicke in die Runde. Piepsi klippst sich eine neue Spange ins Haar für optimalen Halt und kiekst etwas von geöffnetem Herz-Chakra. Plötzlich stelle ich mir vor, wie Mama das hier wohl alles gefunden hätte, wie sie ihren Freundinnen in stundenlangen Telefonaten von diesem Kurs erzählt hätte. Und ich muss lächeln, sogar grinsen. Sie hätte auf dem Sofa im Grünen Zimmer gelegen und gelacht:»Du, ich hätte meine Schwiegermutter in den Zug gesetzt und gesagt: ›Eva, schöne Reise! Und die vertrocknete ALDI-Primel, die QVC-Plastik-Käsereibe und die Keksdose in Form einer in China fabrizierten thailändischen Tempeltänzerin, die du immer an Geburtstagen verschenkt hast, mit dem Hinweis, man könne das Präsent ja weiterverschenken, wenn es nicht gefalle, gib dem Schaffner, ja?‹«

Flaschenpost für den Himmel

Vermisst du die Omi?«

»Nein! Nur wenn ich an sie denke.«

Meine kleine Tochter sitzt neben mir im Auto, wir sind auf dem Weg zum Strand mit einer Flaschenpost. Darin: ein Brief an Omi. Schließlich liegt Omis Asche auch an der Küste, wenn auch an einer anderen. Vielleicht ist sie schon Teil des Meeres, dann kommt die Post ja garantiert an. In erster Linie wollte ich etwas Symbolisches tun, aber auch meiner kleinen Tochter mal etwas auf den Zahn fühlen. Sie ist meistens fröhlich, wenn sie nicht gerade müde oder hungrig ist oder von einem der Halligalli-Wochenenden bei ihrem Vater zurückkommt.

»Dann denkst du also nicht so oft an die Omi?«

»Nein. Nur wenn ich Lust auf ihre Eierkuchen habe. Denn Omi hat die besten Eierkuchen der Welt gemacht, viel besser als du. Und dann vermisse ich sie. Und mir fehlt, wie sie mit mir gekuschelt und gespielt hat.«

Ja, Kindermund …, Sie wissen schon. Und: Omis Eierkuchen sind die besten. Allseits beliebt. Ich hatte immer Bauchschmerzen danach. Mit Weizenmehl, in Butter gewälzt, mit Kuhmilch und Backtriebmittel von Dr. Oetker. Dick. Konventionell. Wie früher eben. All die Dinge, die ich seit Jahren nicht mehr kaufe. Weizen gibt es bei uns nicht, höchstens Dinkel … wobei ich selbst das nicht mehr essen kann. Ich muss auf Banane, glutenfreie Flocken und Ei ausweichen. Für Karlotta gibt es dann eben die Variante mit etwas Dinkelmehl – aber wie Omis böse Eierkuchen schmecken die natürlich nicht. Meine Mutter war ja nun mal eine starke Verfechterin von Butterschmalz, Butter, Sahne und Crème fraîche. Jegliche Alternative fand sie ekelig. Und doch hat sie oft mein heimlich mit Mandelsahne gedoptes Essen gelobt.

»Ich habe Omi einen Smiley auf den Brief gemalt, weil Omi auch immer Smileys gemalt hat.«

»Gute Idee!«

Der Himmel ist dunkel und plötzlich fallen erste Tropfen auf die Windschutzscheibe. Verdammt. Aber so ist der Norden. In fünf Minuten kann schon wieder die Sonne scheinen. Alles möglich. Wir fahren weiter und tatsächlich: In Timmendorfer Strand scheint sie wieder. Wir parken und gehen zur Maritimbrücke, wo mein Mann mir den Antrag gemacht hat, vorbei am Café »Wichtig«, wo sie alle bibbernd unter den Heizstrahlern sitzen, aber mit Sonnenbrille. Wichtig will man ja trotzdem sein. Karlotta läuft mit der Flasche in der Hand voraus über die Promenade.

Vor nicht mal einer Stunde habe ich wieder Sachen aussortiert, dieses Mal in der Küche. Mama hatte die Angewohnheit, sich ständig kleine Hefte zu kaufen, mal liniert, mal unliniert, mit Kästchen, zum Hineinschreiben. Adressbücher, Geburtstagsbücher, Rezeptbücher. Einkaufslistenbücher. Oder Bücher, in denen Briefe und Ausschnitte liegen, Zitate und Zeitungsartikel. Als ob sie gewollt hätte, dass ich das alles finde. Wie die Worte von Khalil Gibran: »Denn was heißt sterben anderes, als nackt im Wind zu stehen und in der Sonne zu schmelzen! Und was heißt nicht mehr zu atmen anderes, als den Atem von seinen rastlosen Gezeiten zu befreien, damit er emporsteigt und sich entfaltet und ungehindert Gott suchen kann? (…) Und wenn die Erde eure Glieder fordert, dann werdet ihr wahrhaft tanzen.«

Oder Rezepte für »die besten Würstchen mit Sauerkraut« und »Lachsfilet in Senfsauce«. Außerdem ein Ratgeber zum Thema Scheidung (das war dann wohl meine vor fünf Jahren) und Brustkrebs (eine Erkrankung von vieren). Ist meine Mutter nun befreit? Von Rastlosigkeit und Sorgen um sich und andere? Sieht sie uns? Oder ist das alles Humbug? Sie ist ein Häufchen Asche in einem

Waldstück an einer anderen Küste. Ein Häufchen Asche, bei dem es bei der Verbrennung immer schön »Klong-Klong« gemacht hat, wie sie selbst immer witzelte, da meine Mutter ziemlich viele Ersatzteile beherbergte. Künstliche Knie, künstliche Hüfte, die üblichen Dinge halt, die man gerne im Alter so einbauen lässt.

Karlotta steht nun auf der Seebrücke hinter einem kleinen Kunstwerk aus Liebesschlössern, die alle an zwei Drahtseilen hängen, und hält die Flasche in die Luft.

»Also, Omi, hier kommt Post für dich.«

Und lässt die Flasche in die Ostsee fallen. Danach robbt mein Kind über die halbe Brücke, um das Wegschwimmen und die Fließrichtung genau zu beobachten. Ich friere. Aber sie ist so begeistert, ihre Flaschenpost zu verfolgen, dass ich ihr noch ein paar Minuten gebe.

»Und was, wenn sie jemand anders findet?«

Plötzlich steht sie wieder vor mir.

»Die ist doch für Omi.«

»Omi war gerade eben vielleicht dabei, als du die Flasche ins Wasser geworfen hast, mein Schatz. Möglicherweise hat sie deinen Brief schon längst bekommen. Und wenn nicht, findet diese Flasche schon einen Weg zu ihr.«

»Ich kann sie nicht mehr sehen, sie ist untergegangen. Vielleicht ist Wasser hineingelaufen.«

Die kleinen Mundwinkel sacken ab, die Augenbrauen senken sich, der Blick fällt auf die Holzplanken.

»Alles umsonst.«

»Nein, es ist nie umsonst«, sage ich. »Wir haben an Omi gedacht und etwas für sie getan. Es wird sie erreichen. So oder so. Nur darauf kommt es an. Und dass wir sie in unserem Herzen behalten.«

»Hmm«, macht Karlotta.

In dem Moment glitzert etwas im Wasser. Ein paar Sonnenstrahlen brechen sich durch die Wolkendecke, unsere Flasche, die auf der anderen Seite der Brücke unter uns dahintreibt, reflektiert den Schein.

»Schau, da ist sie!«, rufe ich, fast etwas zu euphorisch. »Sie macht sich auf den Weg.«

»Mama?«

«Ja?«

»Machst du mir zu Hause einen Omi-Eierkuchen? Ich glaube, ich brauche jetzt einen.«

Bin ich traumatisiert?

J a, bist du ein Stück weit. Das ist normal«, sagt meine Freundin Britta, die ihren Mann viel zu früh gehen lassen musste. Leukämie mit 39. Knochenmarkstransplantation. Koma. Ende eines so jungen Lebens. Brittas Leben danach: ein gefühlter Trümmerhaufen, aus dem sie das Beste gemacht hat. Niemand ist so stark wie meine Britta. Gekämpft hat sie, erst um ihren Mann, dann um sich. Und obwohl der Schmerz immer ein Teil bleibt, wird sie immer schöner. Wie auch immer sie das nur macht. Der Körper ihres Mannes wollte das gespendete Rückenmark nicht. Britta war mit 36 plötzlich Witwe. Hat danach Schwindelanfälle gehabt, ihn beim Einkaufen gesehen, Fress- und Magerphasen durchlebt. Die tapferste Frau, die ich kenne, denn sie war damit allein. Ihre Freunde lebten ihr Leben einfach weiter. Sie hat recherchiert, sich Hilfe geholt, neue Kontakte geknüpft, alte Freundschaften aufgegeben, Hund Max aus dem Tierheim geholt, Job getauscht, neu angefangen. Heute steht sie wieder mitten im Leben. Eine attraktive Frau, der man ihren schweren Weg nicht ansieht. Und erst seit Mama tot ist, habe ich eine noch konkretere Vorstellung, durch welche Hölle sie gegangen sein muss. Dennoch: Nie war sie verbittert.

»Warum denkst du denn darüber nach?«, Britta stellt immer die richtigen Fragen.

Am Vortag: Karlotta und ich fahren nach Lübeck. Ich bin keine Eislaufmutti, aber ein bisschen Förderung mit Spaß muss sein – mit viel Spaß natürlich. Schon allein, damit sie Anschluss an verschiedene Freundeskreise hat, finde ich. Also wollen wir einen Blick in die Kunsthochschule werfen. Ich fahre nach Navi und merke plötzlich, dass mir der Weg ziemlich bekannt vorkommt. Es ist der Weg zum Krankenhaus, Krankenhaus Nummer drei, um genau zu sein, das ich besonders gehasst habe. Die Blitzeranlage links, die Kreuzung vor mir, die Insel mit der Ampel. All das kenne ich, aber aus einer anderen Zeit. Die Verzweiflung, die ich vor Monaten immer auf dem Beifahrersitz hatte, schnürt mir wieder den Hals zu. Es ist, als würde ich wieder dorthin fahren, dabei biege ich am Ende zwar in die Straße ein, aber muss sie nicht bis zum Krankenhaus durchfahren. Es ist Sommer statt Winter. Alles ist anders, und doch ist es das nicht. Meine Tochter merkt nichts von alledem, und das ist auch gut so. Vor meinem inneren Auge steigt wieder der Nebel auf, der an so manchem Abend auf der Fahrt zu Mama um die Stoßstange waberte. Schal und Bikermantel statt Sommerkleid und Flipflops. Kälte statt Hitze. Der imaginäre Geruch vom Kaffee der Bäckerei gegenüber vom Krankenaus und den Brötchen mit Schmierstoffen für die Knetmaschinen steigt mir in die Nase. Und dann muss ich auch noch an die Nikotinnebel-Zombies vor der Krankenhaustür denken, die aussehen, als wäre es ihre letzte Kippe auf Erden. Auf die hatte ich immer kurz eine Wut: Mama raucht nicht und muss trotzdem sterben, euch Deppen wird hier vielleicht noch geholfen, und ihr zieht trotzdem am Glimmstängel mit der gleichen Glückseligkeit wie eine Mutter, die am Kopf ihres Babys schnuppert.

Letzter Gedanke holt mich zurück ins Auto und zu meinem Kind. Parken. Aussteigen. Wir betreten die Kunsthochschule. Eine sehr freundliche Frau empfängt uns herzlich, und ich bin froh, Konversation machen zu müssen. Alles wirkt einladend. Kinder sitzen an einem großen Tisch, überall stehen Pinsel, Buntstifte und Bastelbedarf, riesige Pappteller mit Farben, Wassergläser, viel Papier. Die Kursleiterin beginnt einen Perspektivvergleich, die Kinder melden sich und sagen Sachen, die mich verblüffen, so gut beobachtet sind die von den kleinen angehenden Künstlern. Zufrieden nehme ich in einer Ecke Platz. Wäre nur die Luft nicht so schlecht. Draußen ist es heiß, und offenbar gibt es hier keine Klimaanlage.

Und dann macht es klick. Dieses Geräusch kenne ich. An der Wand hängt ein Spender. Viereckig, mit einem Bügel. Zum Desinfizieren der Hände. Das Geräusch hallt in meinen Ohren wider. Klick. Klick. Zehn Monate meines Lebens. In Mamas Gegenwart immer wieder bis zu fünfmal, nachdem ich mir in Krankenhaus Nummer eins kurzzeitig leichte Magenprobleme eingehandelt hatte, da ich so dämlich war, mir ein Glas Wasser von der Schwester bringen zu lassen. Das Angebot fand ich sehr freundlich – bereut habe ich es dennoch. Danach habe ich mir in jedem Krankenhaus die Hände bis zu zehnmal desinfiziert. Wie eine Besessene. Es war mir schon fast peinlich vor Mama, obwohl sie ja wusste, warum.

Die Kursleiterin verteilt das Desinfektionsmittel in den Handflächen. Ein quatschendes Geräusch. Auch das kenne ich. Der Krankenhausgeruch schlängelt sich durch den Raum.

»Ich gehe mal kurz an die frische Luft!«

Raus hier. Schnell. Japsend stehe ich in der großen Tür des alten Gebäudes. Übel ist mir. Klein fühle ich mich. Ich beschließe eine Runde um den Block zu gehen, der Panik davonzulaufen. 35 und keine Mutter mehr – eine Frechheit ist das! Plötzlich kommt die Wut angaloppiert, reingeplatzt und zieht der Panik eins über. Schon besser. Ich gehe schnell. Als ich wieder um die Ecke biege, steht Karlotta auf dem Balkon und schwenkt ein kleines frisches Kunstwerk. Ich lächele hoch. Und denke: Das ist das Leben. Es geht weiter. Mit mir, mit ihr. Und es besteht nicht nur aus Verlust.

Mama hat gerne gezeichnet, sie war richtig gut. In den 80ern lagen neben dem Telefon mit Schnur und Wählscheibe immer viele Skizzen von Models in tollen Kleidern und Köpfen mit Frisuren, die wahrscheinlich jeden Maskenbildner ins Schwitzen gebracht hätten. Vermutlich wäre sie nicht Friseurin und dann MTA geworden, hätte sie in einer anderen Zeit gelebt. Aber damals musste sie Geld verdienen und die Auswahl war nicht groß. Ich malte als Kind ihre Skizzen manchmal aus.

Als ich den Raum wieder betrete, präsentiert mir Karlotta, was sie in eineinhalb Stunden alles zu Papier gebracht hat. Ganz klar Omis Enkelkind, denke ich, als ich dort eine elegante Frau entdecke, die ihren Dalmatiner ausführt. Und ich muss an einen Satz aus Mamas Tagebuch denken: »Wenn ich bei Karlotta bin, kann ich meine Sorgen und meine Krankheit vergessen.«

Und so setze ich ein anderes Gefühl gegen das, was mich bis eben trauma-ähnlich in Schach gehalten hat und was ausdrücklich von Trauer-Experten empfohlen wird: Dankbarkeit.

Warum ist der Tod eigentlich männlich?

Nur so ein Gedanke während eines Regenspazierganges: Warum ist der Tod eigentlich männlich? Ich bin weiß Gott keine Power-Emanze, aber Gleichberechtigung finde ich nicht falsch. Männer und Frauen sind nicht gleich, okay, aber auf jeden Fall gleich-wertig.

Was wäre, wenn der Tod eine Frau wäre: Sagen wir eine Tödin? Sympathisch, warmherzig, eine, mit der man gerne Kaffee trinken gehen würde. Jemand, der die gleiche Jeansmarke trägt, in den Neunzigern auch *Beverly Hills 90210* geguckt hat und auch immer noch »Negerkuss« zum antirassistischen »Schokokuss« sagt. Mit der man sich wohlfühlen würde in seiner Haut. Eine Freundin, die man gerne trifft und beim Nachhausegehen denkt, dass die Zeit nicht sinnvoller hätte verbracht werden können, weil die Gespräche so schön waren. Voller Verständnis. Auf einer Ebene. Nie von oben herab. Weil sich keine etwas beweisen muss. Keine Selbstdarstellung, keine Zurschaustellung. Wo man aber auch zeigen kann, dass man sich doch die zu teuren Stiefel gekauft hat, und die dann sagt: »Ich verstehe dein schlechtes Gewissen, aber auch deine große Freude daran und ich freue mich für dich. Stehen dir extrem gut, machen einen schlanken Fuß, sind einfach, wie für dich gemacht, Mensch.« Und dann erinnert sie einen daran, bewusst zu leben, jeden Tag, jede Minute auszukosten, seine Liebsten zu umarmen, das Leben in die Hand zu nehmen. Denn wie Schauspieler Ben Becker mal zu meiner Kollegin Madita sagte: »Was man nicht macht, passiert auch nicht!« Gilt auch für alles andere: Liebe, Fehler, Schicksalsmomente.

Und wenn es so weit ist – hoffentlich nicht zu früh –, holt die Tödin mich ab. Angstfrei schlendern wir wie beim Einkaufsbummel nebeneinanderher. In vertrauter Coffee-to-go-bitte-Stimmung, als wollte man schmunzelnd seine bekloppten Jugendlieben durchkauen. Denn das Gute wird sein: Wir kennen uns ja schon.

Noch mal: die Trauer, und die anderen
Oder: »Du bist ja so stark!«

ie anderen sagen Sätze wie: »Du bist so stark« und auch gerne: »Ich glaube, ich hätte das nicht geschafft. Schon allein beim Gedanken an den Tod meiner Mutter könnte ich Rotz und Wasser heulen. Ich würde nichts mehr auf die Reihe kriegen.« Und ich denke: ging mir genauso. Es war mein schlimmster Albtraum. Und jetzt lebe ich ihn, lebe weiter und lebe nach vorn. Aber: Was soll ich auch anderes tun? Ich mache das ja nicht, weil ich unendlich stark sein will. Was habe ich denn für eine Wahl? Keine trauernde Mutter sagt zu ihrem kleinen Kind: Bekoch dich mal selbst, ich lege mich kurz ins Bett und heule das Kopfkissen voll, weil ich meine Mutter so vermisse. Das ist höchstens ein Privileg von Singles am Wochenende. Und ob man das »Privileg« nennen kann, sei dahingestellt.

Es ist natürlich auch eine Frage der Einstellung. Meine Freundin Ulrike zeigt ihre Trauer, ihre Tränen ihren Söhnen, wenn es sein muss, auch täglich. Auch ein Weg. Meine Tochter hat sich das Weinen von Mama verbeten und ich verstehe das, weil ich es als Kind auch absolut schrecklich empfand, wenn meine Mutter vor mir geweint hat. Sie war ja der Mamafels in der Brandung. Wenn der schluchzte, hat das mein Weltbild lahmgelegt, und das wusste sie. Als sie krank war, kehrte sich das um. Ich denke an einen Moment nachts um zwei Uhr: Das Telefon klingelt. Es ist Mama mit ihrem Handy aus dem Krankenaus. Sie weint. »Ich will nicht, dass alles vorbei ist und ich euch nie wiedersehe. Ich will das einfach nicht.«

Ich bin hilflos hoch zehn. Höre hauptsächlich zu. Was soll ich auch sonst tun? Die nackte Angst kriecht mir den Nacken hoch und stellt alle kleinen Haare auf, von denen man als regelmäßig gewachste Frau hofft, dass man sie gar nicht hat. Es besteht die Möglichkeit, Mama zu verlieren. Ein Schlund reißt vor mir auf. Es ist eine der Nächte, nach denen man aus dem Bett kriecht, robbt und weiß, diese Worte, dieses Gespräch vergisst man nie. Und denkt womöglich noch auf dem eigenen Sterbebett daran.

»Du bist hart geworden. Deshalb kommst du ganz gut klar. Und offenbar bist du auch nicht sooo sensibel. Du hast ja auch schon viel durch: die Scheidung, die Umzüge, die Krebserkrankungen deiner Mutter ...«, so erklärt mir meine Freundin Anouk meine Persönlichkeit am Telefon. Ich nehme es ihr nicht übel. Sie muss sich irgendwie erklären, warum ich trotzdem senkrecht stehe, arbeite, zurechtkomme. Ich frage mich das ja selbst, wenn ich Freunde sehe, die viel länger in der Schockstarre verharren als ich, die viel häufiger weinen, die ihr Leben nicht so gut auf die Reihe bekommen. Das ist bei mir nicht so. Gleichzeitig renne ich mit einer Narbe herum, einer, die nie ganz verheilen wird. Aber ich schaue sie mir an, creme sie ein, streichele sie. Auf meine Art. Ich lese. Ich spreche. Ich recherchiere. Aber bin ich deshalb hart geworden? Anouk schätzt mich anders ein als ich mich. Aber vielleicht weiß sie es besser? Meine These ist ohnehin, dass wir uns nie wirklich selbst kennen können. Eben weil eine Persönlichkeit ständig im Prozess ist. Wir verändern uns. Jeden Tag. Deshalb traue ich mir selbst ja am wenigsten. Das gilt auch für banale Dinge wie den Burberry-Mantel, den ich mir nach der ersten eigenen Sondersendung gegönnt habe. Der hängt jetzt auch als textile Leiche im Schrank. Grund: Die Phase ist vorbei. Ich will nicht mehr klassisch aussehen. Das ist mir heute zu langweilig, ich stehe schon wieder woanders, mein Geschmack ist anders, ich bin anders. Ich Modeopfer will eigentlich jede Saison etwas Neues. Es ist wie mit dem Eheversprechen: Ich verspreche, alles dafür zu geben für diese Liebe, aber, sorry, falls ich jemand anderes werde oder du. Dann ist das so. Kann keiner etwas dafür. Stirbt deine Mutter, bist du nicht mehr der Mensch, der du vorher warst. Du bist kein Kind mehr. Du kannst es nicht sein. Die Frau, die dich geboren hat, ist fort. Das ist eine 180-Grad-Drehung des Lebens – wer ist danach noch der- oder dieselbe? Das zu erwarten, ist ja regelrecht frech, oder? Nein: Ich bin nicht hart geworden. Daran halte ich fest wie ein Wadenbeißer – was ich gerade unter zuckenden Mundwinkeln in meine Tastatur hacke.

Die Menschen basteln sich ihr Bild des Trauernden, mit dem sie selbst am besten klarkommen. Gerne auch total überreizt: »Komm mit, das lenkt dich ab.« Verdrängung tut gut – tut sie auch zuweilen. Aber nur, wenn ich das will. Verdrängen heißt ja auch, den Sterbenden wegschieben, aber manchmal will man gerade das nicht.

»Nein, sorry, heute will ich in Leid und Schmerz baden«, sagt sich nicht so leicht, aber ich habe damit angefangen, wenn es so ist. Allerdings nicht gegenüber allen Menschen. Die Erwartungen, Sie wissen schon.

Meine neue Ehrlichkeit klingt so:

»Du bist ja so stark. Ich könnte das nicht ertragen.«

»Weißt du was? Musst du aber irgendwann. Andere sterben auch.« Ich sage das zu einer Freundin, die danach minutenlang schweigt. »Der Tod holt uns alle ein. Tut mir leid.«

»Warum sagst du so was, Anna?«

»Weil es so ist.«

»Gott, bist du hart geworden.«

Wieder dieser Satz! Ich fühle mich nicht hart. Aber keiner versteht das. Ich bin offen. Ich lasse den Tod mit am Tisch sitzen. Weil ich keine Wahl habe. Das ist eine Haltung.

Karlotta und ich essen heute Abend Brotzeit. Mit Obazda und Gurke. Heute mal Bio-Gluten. Der Tod sitzt mit am Tisch (nicht auf das Brot, sondern auf unsere Omi bezogen). Aber wir sind fröhlich.

»Omi hat mir immer Gesichtswurst gekauft. Können wir das mal wieder machen?«

»Ja.«

Ich hasse dieses billige Fleisch mit Dextrose, bei dem pfiffige Marketing-Experten dem mies geschlachteten armen Schwein Tiergesichter aufgedruckt haben, aber sei's drum. Omi ist ein Türöffner für weniger Gesundes hin und wieder. Meine Tochter macht es so viel besser als viele andere. Sie erträgt den Tod gut – durch meine Umgangsweise. Denn auch wenn der Tod das Gegenteil der Existenz ist, er IST existenziell. Manchmal lebendiger als das Leben. Spürbarer. Wir merken ihn viel mehr. Nur bereitet uns keiner vor, obwohl er doch so kalkulierbar ist. »Der Tod und die Steuer«, wie Brad Pitt als Joe Black immer so schön mit dem Augenaufschlag eines Golden Retrievers sagt, »sind die einzigen Gewissheiten im Leben«.

Wenn sich gute Freunde nach etlichen Jahren trennen, lädt man ein: »Ruf mich an, Tag und Nacht, wenn du reden willst, ein Bett brauchst, eine Flasche Wein, Kippen und einen Zuhörer, komm jederzeit vorbei!« Solche Angebote kenne ich von meiner Scheidung. Keins habe ich wahrgenommen, aber schön fand ich sie. Wenn deine Mutter stirbt, sagt das keiner. Da kommt nur ein verschämtes »Mein Beileid« und »Du bist so stark.« Dabei ist der Todeskummer viel schlimmer als der Liebeskummer. Bei Letzterem bleibt doch immer noch die Hoffnung: Da kommt noch was.

Mama kommt nie mehr zurück. Der Tod wird totgeschwiegen, kleingemacht, weggeschoben, unsichtbar gedichtet. So haben wir ihn etabliert. Angstbehaftet. Sodass man jeden bewundert, der durch diese schwere Zeit gehen muss.

Hier mein Tipp für alle, die denken, Trauernde hätten sich ein dickes Fell in Panzerform zugelegt, nur weil sie weitermachen. Wie wären diese Sätze, statt emotionaler Unterstellungen? »Ich weiß zwar nicht, wie du dich tatsächlich fühlst, aber wüsste es gerne. Wie kommst du wirklich zurecht? Ich würde dir gerne zuhören.« Das wäre wie ein verbales Sprungtuch, da kann man reinspringen, sich hineinfallen lassen. Achtung, ich nehme Anlauf!

Mama-Träume

Mama kommt die Treppe hoch, sie sieht gut aus, das frisch geföhnte Haar wippt bei jeder Treppenstufe, sie lächelt mich an, sieht aus, als käme sie gerade von einem langen Capri-Urlaub mit ihrer Freundin Marion und meinem Bruder zurück, von dem sie immer so geschwärmt hat. Jünger wirkt sie, zielsicher, und schnell ist sie oben auf unserer Galerie. Dabei hat sie doch bei jedem Schritt Schmerzen gehabt, gekeucht, gestöhnt, oft war es mehr ein Humpeln als ein Gehen. Das Kniegelenk, die Hüfte, die Schulter, gäbe es für Schmerzen Bonusmeilen, meine Mutter hätte die Goldcard gehabt. All das ist scheinbar weg. Ich bin baff.

»Warum kann ich dich sehen?« Ich bin irritiert.

Sie zuckt nur mit den Schultern.

»Warum bist du hier? Wie ist das möglich? Oh, Mama, das ist so toll. Bist du von den Toten auferstanden? Gott ist doch keine Erfindung für Verzweifelte?«

Ich sprudele über. Mama steht vor mir. Es geht ihr gut. Das sieht man. Wir gehen ein Stück über die Galerie. Sie sagt immer noch kein Wort.

»Mama, sprich mit mir!«

Sie hält einen Finger vor den Mund. Dann sagt sie: »Der, der ich nicht bin, nicht sein kann, suche nicht. Das hast du selbst gesagt.«

»Was soll das heißen, Mama?«

Stimmen hinter uns werden laut. Mein Vater redet mit meinem Bruder in seinem alten Kinderzimmer.

»Sie reden, das ist gut, wir wollen nicht stören!«, sagt meine Mutter.

»Mama, ich will mit dir reden. Die sehen dich nicht, oder? Nur ich kann das?«

Sie nickt, lächelt und sagt: »Es ist alles gut.«

Sie lächelt noch einmal. Und dann wache ich auf.

Nein! Ich war so klar, habe so agiert wie im Leben, so gehandelt, wie ich es mir gewünscht hätte. Und dann ist der Traum vorbei? Ich bin verstört, wütend und irgendwie gleichzeitig beruhigt. Wo auch immer Mama jetzt ist, es geht ihr gut – keine Schmerzen mehr. Denke ich. Und dann: Wie dumm bist du eigentlich? Nur weil du so etwas geträumt hast. Aber der Traum war so irreal wie real. Wenn das möglich ist. Und er lässt mich den ganzen Tag nicht los. Abends klappe ich das Internet auf: Was denkt das Netz über Träume von Verstorbenen? Und stelle fest: Verschiedenes! Die einen neigen zum logisch-naturwissenschaftlichen Ansatz, die anderen zum spirituellen und reden von Kommunikation mit dem Jenseits. Insgesamt definieren Traumdeuter drei verschiedene Gruppen: Die Träume von Krankheit und Tod, Gedächtnisinhalte sind Teil des Traums, es geht um Erinnerungen. Zweite Gruppe: Träume von Erlebnissen mit dem Toten, die deutlich machen, dass der geliebte Mensch nicht mehr lebt. Die Erkenntnis schmerzt und der Verlust wird deutlich. Gruppe drei: Der Tote ist für den Träumenden definitiv tot, die verstorbene Person zeigt, dass es ihr gut geht, der Traum wird oft als positiv empfunden.

Dann bin ich wohl die Drei. Und was sagen Eso-Freaks und spirituelle Deuter? Die sehen das natürlich so, dass Mama mit mir Kontakt aufnehmen wollte. Tagsüber geht das nämlich nicht, weil ich da ja mit Kind, Job und Alltag beschäftigt bin, dafür nachts umso besser. Da kommt Mama mit ihrem »feinstofflichen Körper« besser an meinen schlafenden Geist heran. Allerdings gilt ein Traum erst als spirituell, wenn er sich mindestens dreimal wiederholt hat. Tja, doch keine Botschaft aus dem Jenseits? Andererseits erscheinen angeblich Tote, die zum Beispiel einen Unfalltod hatten, wesentlich häufiger in Träumen als Menschen, die mit langer Krankheit langsam gegangen sind – wie Mama eben. Grund: Diese Menschen können sich mental darauf vorbereiten und sich daher leichter im Jenseits fortbewegen. Ich muss grinsen. So wie Mama im Traum unsere Treppe hochgegangen ist, mache ich mir keine Sorgen um ihre Fortbewegung. Leider bin ich zu pragmatisch, als dass ich an eine absichtliche Kommunikation glauben kann, aber eins weiß ich: Der Traum tat, auch wenn er in Sachen Kommunikation nicht wirklich klar war, irgendwie gut.

Ich muss an unsere ewigen Streits zum Thema Ernährung und Vitamine denken. An ihr stures Beharren auf Butterschmalz und Sahne. Und das, obwohl selbst mein Bruder in New York City Mitglied in einem Ökoverein ist, der selbst Obst und Gemüse anbaut, um »organic« zu essen. Genau wie mein Mann und ich Mitglieder in unserer Ost-Kolchose sind und mit lauter Dreadlocks- und Veganschuhträgern einkaufen. Mama war von ihrem Weg nicht abzubringen. Olivenöl? Kokosfett? Nein, danke. Das *Anti-Krebs-Buch* meiner Freundin Caro hat sie nicht mal aufgeschlagen. Es lag wochenlang auf ihrem Nachttisch, von mir immer wieder in ihr Blickfeld gerückt, keine Chance. So war es mit vielen Dingen. Sie musste Socken bügeln. Sie musste das Unkraut zwischen den Steinplatten auf dem Weg zum Haus mit einem Mini-Messer herauspulen – unter Rückenschmerzen. Gerne hätte ich ihr von meinen Erkenntnissen erzählt. Von den Fortschritten in Sachen Ernährung und Wohlfühlen. Sie wollte es nicht hören oder zweifelte es an. »Sie wollte so leben, wie sie gelebt hat. Sie wollte die Alternativen nicht. Sie war konsequent auf ihre Art«, hat unsere Lieblingsnachbarin Hanne gesagt. Und vollkommen recht gehabt. Vielleicht wollte Mama mir doch etwas sagen, etwa, dass ich mich nicht quälen soll. Sie hatte es so entschieden. Mit meinem Vater. Es war ihr Weg.

Mama ist Mama. War Mama. Ich schließe Safari. Eigentlich ist es doch piepegal, was der Traum jetzt war. Verarbeitung, Kommunikation? Mein Unterbewusstsein oder Mama aus dem Jenseits. Wichtig ist doch nur eins: Ich habe sie gesehen, und es war schön.

Und wenn Mamas Geist doch mit irgendwem aus der Familie kommunizieren sollte, dann wohl am ehesten mit mir, weil ich mir erlaube, auch verrückt zu sein. Solange es mir guttut, will ich gerne spinnert sein, esoterisch, spirituell und dann wieder pragmatisch. Im Tod und in der Trauer ist alles erlaubt. Und ich sprinte die Treppe hinauf und irgendwie ist Mama hinter mir und lacht.

Trauerkultur im Netz

Wenn die Mama stirbt, gibt es ja keinen mehr, der einen so sehr lieb hat.« Meine kleine Tochter umarmt mich, während wir kuscheln. »Ja, aber eine Mama geht nie so ganz, weil ihre Liebe ja immer bei dir bleibt«, erkläre ich ganz ruhig, während es mir eigentlich die Kehle zuschnürt. Ich bringe Karlotta ins Bett und denke wieder übers Trauern nach. Sie versteht schon, was der Tod ist, zumindest, dass derjenige, der gestorben ist, nie mehr wiederkommt. Sie kann es annehmen, während erwachsene Menschen hadern und weinen und depressiv werden; ich war als Kind genauso. Erwachsene tun sich schwer. Das gilt ja schon für neue Sprachen, die wir lernen wollen, Umzüge, Job- oder Partnerwechsel, fürs Flexibelsein. Irgendwann haben wir das satt. Das liegt natürlich auch an unseren Kindern, am Stress, der Reizüberflutung, doch irgendwann braucht es hier und da eine Konstante. Geht mir auch so. Dabei verlangen die gegenwärtigen Zeiten ganz anderes von uns: Wir sollen doch ständig bereit sein zur Veränderung, up-to-date sein, immer erreichbar, immer informiert, immer im Eiltempo. Ich habe immer schnell gelebt und es auch immer gemocht. Noch jetzt rege ich mich über Menschen auf, die langsam gehen, langsam an Supermarktkassen agieren, in Slow-Motion Wechselgeld abzählen, dass darüber Jahreszeiten vergehen. Oder in Zeitlupe reden mit dem Ergebnis, dass ich ihre Sätze schon vorher zu Ende gedacht habe. Langsam ist nicht meins. Aber gesünder ist es. In den 80ern war niemand so möchtegern-multitasking unterwegs und abgelenkt wie heute jeder Zweite, möchte ich behaupten. Da gab's keine Facebook-Unfälle und keine Display-Glotz-Toten. Das Leben war unmittelbar und weniger virtuell. Gilt auch für die Trauer! Glauben Sie mir nicht? Da macht sich die Community der Facebook-Fans, der Abgelenkten und Übersteuerten tatsächlich ziemlich breit. Und zugegeben, wenn jemand in Berlin stirbt und es sitzen nun mal 5000 Trauernde von Husum über Eschwege bis Bielefeld, die nicht mehr so flexibel sind, dann ist eine Trauerplattform im Netz vielleicht gar nicht so verkehrt. Und da tut sich etwas auf, kann ich Ihnen sagen: Pixelkränze. Digitale Kerzen. Virtuelle Kondolenz-Foren. Sogar seinen eigenen Grabstein kann man sich basteln, zum Anklicken mit Namen und Verweis auf den Ort. Ich klicke mich durchs Netz, besuche mal die »Straße der Besten« und zünde eine virtuelle Kerze in der »Halle des Lichts« an, die ich per Mausklick in ein Kerzenfeld ziehen kann. Auch »Für Mama« kann ich tippen und was mir sonst noch so einfällt. Danach kann ich im Forum über Trauer und Beerdigungsabläufe diskutieren. Dazu Bestattungsoptionen, Film- und Musikvorschläge. Oder man kann auf den digitalen Friedhof gehen, wobei ich so ziemlich jede Religion zur Auswahl habe. Dort kann ich meinen persönlichen Grabstein für meine Verstorbenen aufstellen. Prinzipiell bin ich ja immer für alles, was hilft. Aber in dem Fall turnt mich die Netz-Trauer tierisch ab. Andererseits ist es für einsame Menschen vielleicht richtig gut. Mir ist es zu unpersönlich.

Und dann stoße ich auf die Seiten, wo trauern kostet. Für 39 Euro kann ich mir eine Premium-Gedenkseite zulegen, Fotos und Gedichte hinzufügen, über meinen Verlust schreiben. Und auch ein Online-Seminar ab zehn Euro im Monat kann ich buchen – für mehrere Monate, mit Trauercoach, Anleitung zum Tagebuch-Schreiben und Trauerphasen-Durchschreiten. Ich staune nicht schlecht. Das Geschäft mit der Trauer floriert ja offenbar ganz gut. Aber in Zeiten, wo man gerne per Instagram über seinen frisch geborenen Nachwuchs informiert, ist das vielleicht auch ganz normal. Ich schließe mich da auch nicht aus: Ich poste auch gerne hin und wieder mein Essen, wenn es ein kulinarisches

Kunstwerk ist, meinen letzten iPhone-Urlaubsmoment, der mich glücklich gemacht hat, oder den Moderationsjob aus Dubai, bei dem ich mir J.Los Hintern näher ansehen konnte, um glücklich festzustellen, dass meiner wesentlich kleiner ist und man selbst mit hängendem Riesengesäß immer noch ein begehrter Superstar werden kann. Aber, ist die Trauer nicht besser auszuhalten, wenn ich im Arm meines Mannes weine? Wenn die Blumen duften? Und man die Kerze tatsächlich anzündet? Wenn man eine Flaschenpost ins Meer wirft, weil es einem in den Sinn kommt und nicht weil es Tagesordnungspunkt des Online-Seminars ist? Hör auf zu werten, schießt es mir durch den Kopf. Wenn ein Mensch stirbt, klafft ein Loch. Und wenn jemand es virtuell stopfen kann, ist das doch gut. Psychologen zumindest sind der Meinung, dass der Trauerprozess so unterstützt wird. Und das eine oder andere Portal versucht sich sogar an der Verknüpfung: Vom virtuellen Grab kann ich mich in die Realität klicken, den tatsächlichen Ort des Grabs erfahren und dorthin Blumen liefern lassen.

Mama hat immer gesagt: »Jetzt tauch doch mal wieder auf, immer guckst du auf dein blödes Handy, du bist gar nicht mehr anwesend.« Technik-Affinität: Fehlanzeige. Aber auch wenn es nicht mein Weg ist, eins muss man wohl sagen: Wenn der klassische Friedhof tatsächlich ausstirbt, eben weil wir ständig umziehen, weil wir ja so flexibel sein müssen und für Grabpflege keine Zeit mehr haben, dann ist es vielleicht eine schöne Option, eine virtuelle Alternative zu haben. Liebe für unsere Verstorbenen kann auch ins Netz fließen. Sozusagen vom Herzen in die Tastatur. Auch wenn ich da lieber Apfel-Alt-Escape drücke.

Hat der Pastor vielleicht ein Patentrezept?

Jeder Mensch ist anders«, sagt Pastor Stein und nippt an seinem Darjeeling. Wir sitzen in einem Hinterzimmer seines Pastorats. Holzverkleidung. Korbsessel. Kerzenschein. Raumklima-Typ: Herzlich willkommen. Er lächelt und wirkt so gar nicht pastoral, sondern eher wie ein Biolehrer. Ja, ich gebe es zu, mit der Kirche habe ich wirklich nicht viel am Hut, auch wenn ich konfirmiert bin und die zwei Jahre Bibelkunde klasse fand, was vermutlich an den Jungs lag oder daran, dass mein Pastor statt Orgel lieber Gitarre spielte, aber das ist ein anderes Thema. Ich sehe das so: Ich habe jahrelang eine irre Kirchensteuer gezahlt, meine Mutter war ihr Leben lang Mitglied – wenn auch kein häufig gesehenes –, also warum nicht noch einmal die evangelische Kraftquelle anzapfen, die so vielen eine ist? Eben.

Und irgendwie sind unsere Jobs ziemlich gleich: Ich moderiere im Fernsehen oder vor einer Abendgala-Gesellschaft, Pastor Stein eben vor einer schluchzenden Trauergemeinschaft. Ein bisschen Show ist ja beides, oder?

Ich muss kurz an einen Rom-Urlaub mit einer Kurzzeitliebe denken. Ich hatte Lust auf die Stadt. Den Vatikan hatte ich bei unserer Sightseeingtour gar nicht so sehr auf dem Prioritätenzettel. Aber als mein Abschnittsliebster den Besuch vorschlägt, bin ich dabei. Ich bin ja offen für alles. Zu diesem Zeitpunkt Gott der Katholiken in Weiß: Papst Benedikt, der eher kein moderner Vertreter war und von seiner Berufung ja auch irgendwann neulich zurücktrat wie unsereins von einer zu langen Schlange vor der Pommesbude. Es ist ein Septembermorgen. Sonnig. Weiches Licht. Ich bin zu dem Zeitpunkt verliebt und neugierig. Und so stehe ich, Heidin, auf einem Vorplatz, von strömenden Katholiken umgeben. Und ohne dass wir es geplant haben, befinden wir uns plötzlich mittendrin: Der Papst kommt und hält Massenaudienz. Der kleine alte Mann fährt in seinem zuckenden Papamobil herum und klatscht die Massen ab wie ein Superstar. Wie eine Ein-Mann-Boyband. Die Dankbarkeit der Menschen, die ihn berühren, haut mich um – selten so verblüfft gewesen. Aus aller Welt angereist, betend, versunken – Menschen wie du und ich. Und alle sind wie beseelt, weil ein knapp 80-jähriger Mann zitternd-arthrös ihre Hand berührt. Ein Mann, der teilweise Frauenrechte ablehnt, mit rigiden Sex-Moral-Ansichten nicht wirklich modern auffällt und gleichgeschlechtliche Beziehungen mit der Zerstörung der Umwelt und Gottes Werk vergleicht. Der eigentlich Joseph heißt und – wäre sein Leben anders verlaufen – vielleicht unter Stammtischparolen lachend Bier in Bayern bestellen würde. Nix für ungut, Herr Ratzinger. Der aber an einem Ort lebt, der mit der Realität ja nun wirklich nichts mehr zu tun hat. Dann segnet der Papst alle noch und grüßt einzelne Klassen, Gruppen und Kirchenvereine. Die Auserkorenen jubeln. Konnte man im Netz vorher anmelden, die Grußworte. Ein bisschen wie beim Privatradiosender.

»Das ist die Antwort? Jeder Mensch ist anders? Es gibt kein Patentrezept?«, frage ich den Pastor mit einem Zwinkern.

»Nein, natürlich kann man in die Kirche gehen, beten, sich an Gott wenden, aber das hilft ja auch nicht jedem.«

Ich bin etwas enttäuscht. »Was raten Sie denn als Trauerprofi? Oder wie erklären Sie sich, dass der eine sein Leben nicht mehr auf die Reihe bekommt, über Jahre, während der andere einfach weitermacht? Ich habe ja bereits eigene Theorien aufgestellt: Mit Familie trauert es sich einfacher als ohne?«

»Muss nicht der Fall sein. Wenn eine Mutter mit der Trauer nicht fertig wird und noch drei Kinder versorgen muss, kann das auch belasten«, sagt Pastor Stein.

»Tod durch Krankheit ist besser zu verkraften als plötzlicher Unfalltod?«

»Kann man nicht verallgemeinern.«

»Ältere Menschen haben schon mehr Menschen verabschiedet und leben schon länger autark und abgenabelt als junge, zum Beispiel vom Elternhaus?«

»Nicht unbedingt. Auch eine 60-Jährige kann komplett den Halt verlieren, wenn die 90-jährige Mutter geht.«

Alles kann, nichts muss.

»Oder liegt der Schlüssel in der Resilienz?«

Dieser Mode-Begriff, den man ständig liest und der die undefinierbare psychische Widerstandsfähigkeit beschreiben soll, auf die man bei Schicksalsschlägen zurückgreifen kann. Eigentlich eine gute Sache, nur blöd, dass man vor den Katastrophen des Lebens nie weiß, wie viel man davon eigentlich in sich trägt. Ist wie mit dem Zungenrollen – entweder du hast es drauf oder nicht.

»Spielt auch eine Rolle.«

Pastor Stein findet mich, glaube ich, amüsant. Mir ist auch vollkommen klar, dass Trauern keine Matheaufgabe ist. Aber ich stelle so gerne Thesen auf und analysiere. Berufskrankheit. Jetzt nehme ich einen Schluck Tee.

»Ich denke, unsere Trauerkultur hat sehr gelitten. Früher hat man die Toten aufgebahrt, man trug ein Jahr schwarz und ›durfte‹ in dieser Zeit auch offiziell traurig sein. Heute wird vieles überspielt, das amerikanische Strahlen, der Jugendwahn, Disziplin, die Mobilität der Gesellschaft stehen über allem. Man kennt sich auch nicht mehr. Früher kamen die Familie, die Nachbarn ins Haus, um den Toten zu verabschieden, um die Trauernden mit Essen zu versorgen. Wer kennt heute noch seine Nachbarn oder die Eltern seiner Freunde? Die leben häufig weit entfernt. Und der Tod ist so ausgelagert aus dem Leben, dass eine gewisse Sprachlosigkeit herrscht«

»Gut, das erklärt, warum wir uns schwertun. Aber nicht, warum einige besser bewältigen als andere.«

»Vielleicht ist es das Vertrauen ins Leben. Womit wir wieder bei Gott wären!«

Jetzt grinst Pastor Stein.

»Aber das kann man ja auch ohne Gott haben«, sage ich.

»Definitionsfrage. Für mich ist das Gott.«

»Okay darauf können wir uns einigen.«

»Und mit jemanden wie Ihnen verbringe ich meinen Vormittag.« Er lacht.

Warum können nicht alle Gläubigen so sein, denke ich? Entspannt. Reden wir einfach mal drüber, ohne Dogmen, ohne Du-musst-aber.

»Schon Luther hat gesagt: ›Und wenn morgen die Welt unterginge, würde ich heute noch ein Apfelbäumchen pflanzen. Es geht auch darum, das Gute zu sehen.‹«

Das Gute sehen. Vor meinem inneren Auge sehe ich meine Tochter durch die Obstbäume klettern und Äpfel auf der Weide meiner Eltern einsammeln. Vielleicht hat die Trauerfähigkeit auch immer etwas mit Entscheidung zu tun. Frei nach dem Motto: Heute trauere ich und gebe mich dem Schmerz mal hin, morgen entscheide ich mich aber, auch das Gute zu sehen und zu genießen. Ändere deine Gedanken, verändere deinen Schmerz. Ich gebe dem Sog der Traurigkeit nicht nach oder eben nur partiell, ich entscheide, mich dem Überlebenswillen zuzuwenden, fürs Weitermachen. Alles eine Frage der Perspektive: Die Omi ist fort, aber ihr Enkelkind trägt ihr Erbe in sich. Weine ich ständig der Vergangenheit nach oder erfreue ich mich an meinem Kind und dass es noch sechs Jahre seine Omi erleben konnte? Oder wie meine Freundin Britta neulich sagte: »Der Trauerprozess ist eine Aufgabe, die dir das Leben stellt. Du musst sie angehen. Nur so geht es weiter – und wie, das musst du herausfinden.«

Pastor Stein holt mich aus meinen Gedanken zurück: »Wissen Sie, warum Sie vermutlich ganz gut zurechtkommen?«

»Na?«

»Sie haben Ihren Weg gefunden. Sie stellen Fragen, Sie lesen und Sie schreiben. Das ist Ihr Weg. Und der tut Ihnen gut. So einfach ist das.«

»Ja«, sage ich. »So einfach ist das.«

Und finde, der Mann hat irgendwie recht.

Die Sache mit den Enten

ie Ente ist ein Krafttier. »Watschelt, fliegt oder schwimmt sie in Ihren See oder Fluss des Lebens, dann kommt sie, um bei Ihnen das emotionale Gleichgewicht wiederherzustellen«, lese ich. Hätte ich ihr gar nicht zugetraut. Neuerdings verfolgt mich das Federvieh nämlich. Beim Ausmisten, Sortieren und bei Streifzügen durch mein Elternhaus stelle ich fest: Überall sind Enten verteilt. Als Flechtkorb im Bad, als Bild in der Galerie im Wohnzimmer, als Messingstatue im Regal meiner Mutter, aus Holz geschnitzt und bemalt in ihrem Sekretär.

»Hat sie Enten gesammelt?«, frage ich meinen Vater.

»Nein, sie fand wohl einfach die eine oder andere hübsch«, antwortet er trocken. Dennoch: Die Häufung ist fast auffällig. Ich überlege, meine spirituelle Tür mal wieder aufzuschieben. Und stelle fest: Die Ente ist scheinbar ein wahres Wundertier an Kraft. Sie lädt Herzenskräfte wieder auf, soll Fremdenergien abperlen lassen wie Wasser von ihren Federn, transportiert angeblich sogar Botschaften aus der geistigen Welt und kann helfen, die eigene Lebensaufgabe besser zu verstehen. Gefällt mir. Charakter: sensibel, beschützend, mütterlich. Und sie weiß, wie man in sich ruht, wenn man auf dem See des Lebens schwimmt, auch wenn der hohe Wellen schlägt. Mitgefühl und Verständnis heißt ihr Trick, ohne, dass das Leid der anderen ihr Innerstes so sehr berührt, dass es sie unter Wasser zieht. Die Ente wahrt Distanz, wärmt aber dennoch. Cleveres Tierchen.

»Mama, du bist auch ein Krafttier«, lacht meine kleine Tochter, als ich ihr davon erzähle, während sie in der Badewanne spielt. Ich sitze davor und öffne mal wieder eine Ente, dieses Mal aus Holz. Ihr Rücken ist ein Deckel. Im Inneren liegen Briefe, alte Zeichnungen, Muscheln und – typisch Mama – ein paar ausgeschnittene Zeilen von Rilke: »Alle Kraft, die wir fortgeben, kommt erfahren und verwandelt wieder über uns.« Als hätte sie mir per Ente eine Botschaft geschickt. Später erzähle ich Sascha davon: »Irgendwie bilde ich mir ein, die Enten trösten mich. Bin ich bescheuert?«

»Nein, absolut nicht. Ist doch ein wunderbarer Gedanke, Anna. Mal davon abgesehen, hast du wieder ein Detail entdeckt, das dir guttut. Mehr geht doch nicht. Allein, dass du das wahrgenommen hast, spricht für deine Achtsamkeit.«

Achtsamkeit! Trendbegriff: Mindfulness. Wie oft hat dieser Begriff mein Leben schon gekreuzt. Einer meiner Chefs zu RTL-Zeiten gab mir mit 24 schon den Rat, ich solle durch den Wald gehen und die Bäume und Blumen wahrnehmen. Ich fand ihn tendenziell psychopathisch, was er auch ziemlich wahrscheinlich – andere sagen »definitiv« – war, da er mit Mülleimern nach seinen Mitarbeitern warf. Aber in dem Achtsamkeits-Punkt hatte er recht. Mein Mann sagt sogar einmal die Woche zu mir: »Mach die Dinge bewusst, dann fällt dir nicht ständig alles runter und du stößt dich nicht andauernd«. Stimmt auch. Ich bin voller blauer Flecken. Türklinken. Bettkanten. Nichts ist vor mir sicher. Und die »Entenwahrnehmung« war genau das: bewusst ein Detail aufspüren. Okay, meistens geht es bei Achtsamkeit ums Atmen, ums Hineinhören, aber ich als Nicht-Yogi kann es vielleicht ja auch etwas abwandeln. Achtsam handelt schließlich, wer sich voll und ganz einer Sache zuwendet. Das kann eine Tasse Tee eingießen sein, aber auch ein Tier mit Schnabel, solange das Ganze mich ins Hier und Jetzt versetzt, mich gleichmütig und ruhig stimmt, mich nicht bewerten lässt, das Geschnatter der Emotionen filtert. Ergebnis: Abstand zu inneren Problemen und Themen. Auch zur Trauer. Danke für deine Enten, Mama, ich integriere ab sofort das Krafttier.

Mama und ihr Buchsbaum oder
Warum pflanzen Trauerarbeit ist

Mama hatte einen grünen Daumen. Der Garten sah immer aus wie im Bilderbuch, wie bei *HOME & GARDEN*, sodass jeder Sonnenstrahl im Hausinneren eine Verschwendung war. Die Rosen kletterten die Hausfassade hoch, als wollten sie ihr zu liebe noch mehr angeben, die Fliederbäume dufteten um die Wette und ein riesiger barocker Buchsbaum stand immer im Hauseingang und grüßte. Jetzt hat das Moos sich sein Territorium erobert, der Efeu frisst sich ins Dach und der Buchsbaum – ist tatsächlich vertrocknet, als wir alle mehrfach und im Wechsel nur ins Krankenhaus gesprintet sind. Es ist kurz vor Herbst. Und ich denke, wie kitschig das alles klingt, aber es ist tatsächlich so. Ihr Buchsbaum war irgendwie ein Phänomen. Sommer wie Winter lebendig. Immergrün. Jetzt: Stroh. Ausgeblichen. Seine schrumpeligen gelben Blättchen liegen im Hauseingang verteilt.

Mein Mann sagt: »Der ist wohl mitgegangen. Der wollte nicht ohne deine Mutter.«

Wir müssen kurz lachen und dann grimassieren. Ein Buchsbaum hat verrückterweise so viel Symbolkraft: Er steht sogar für Unsterblichkeit, Treue über den Tod hinaus und Liebe über alle Grenzen. Hätte er dann nicht überleben müssen? Nun gut, wir haben ihn vergessen. Eigentlich symbolisiert er Standhaftigkeit, Ausdauer, aber ungegossen über Wochen hält da kein Blatt durch. Und er schützt uns: vor bösen Geistern und Dämonen, denn er verkörpert das Abgrenzen nach außen und die Öffnung nach innen, sodass er Grenzen sichtbar macht und verdeutlicht. Was für ein fleißiges Pflänzchen. Apropos: Nach weiterer Ankersuche im Meer des Trauerprozesses habe ich beschlossen, dass wir etwas Neues pflanzen werden. Flora und Fauna trösten und außerdem werden wir tätig. Auf dem Weg zur Gärtnerei fragt Karlotta: »Pflanzen wir für die Omi?«

»Ja!«

»Da freut sie sich bestimmt. Kann ich das machen?«

»Klar.«

»Ich muss sowieso mal wieder mit Omi reden, das ist eine gute Gelegenheit.«

Wir hören im Auto Billy Holiday und lachen. Da keine typische Pflanzzeit ist und mir sowieso alles eingeht, entscheiden wir uns für eine Laien-Anfänger-Variante: Heidekraut in Pink, Weiß und Lila. Lächerlich gegen den prachtvollen Buchsbaum, aber schön fürs Auge und pflegeleicht. Zu Hause holt Karlotta ihre kleine Kinderschaufel, setzt Kraut für Kraut ein, buddelt es zu und freut sich spürbar daran. Die Farbe hellt auch mir das Gemüt auf. Irgendwie kann Traurigkeit ja auch nützlich, ein Aktivator sein. Denn sie bewegt dich, lässt dich Dinge tun, die du sonst nicht getan hättest. Kreativ werden. Sie ist das Atemholen vor der Freude. Um es noch kitschiger zu machen: Ein Lichtstrahl bricht durch die graue norddeutsche Wolkendecke.

»Guck, Omi gefällt's.«

Auch meine Tochter hat's bemerkt. So langsam verstehe ich, warum Menschen Trost im Pflanzen finden, warum Trauernde oft eine enge Beziehung mit ihrer Blumenhändlerin aufbauen, warum es die Lieblingsblumen des Verstorbenen sein müssen. (Sorry, Mama, das es kein Buchsbaum geworden ist, nächstes Jahr, okay?) Ein Grab zu pflegen, wäre mir ein Graus. Mamas Entscheidung für den Friedewald kommt mir da sehr entgegen. Aber: Pflanzen hilft. Es ist auch Trauerarbeit, florale Ausdrucksform. Vielleicht weil man etwas Lebendiges gegen die Trauer stellt. Es ist fast ein bisschen trotzig. Denn die Chance, dass auch dieses Grün irgendwann welkt, ist ja da und unausweichlich. Und doch ist es ein chlorophylles Aufbäumen gegen das Ende, gegen das Verblühen. Ist das nicht der gesunde Mensch? Leben wollen, Erinnerung konservieren, wach bleiben. Der Buchsbaum lebt ewig. Unsichtbar wächst er in meiner Erinnerung, zusammen mit unserem leuchtenden Heidekraut.

Schuldgefühle

Plötzlich sind sie da: Schuldgefühle. Würden sie auf der Brust ein Geräusch machen, dann wie ein Bohrer.

»Du hast alles gemacht, was du konntest«, sagt mein Bruder, der in Brooklyn vor seinem iPhone sitzt und nebenbei ein neues Stück auf seinem Bass übt. Eine Tour durch Amerika, Korea und Japan steht an.

»Ich weiß. Dennoch habe ich Fragen, die mich quälen. Hätten wir mehr machen können?« (Allerdings kann man ja kaum häufiger im Krankenhaus sein als zwei-, dreimal am Tag, wie wir uns aufgeteilt haben.) Was, wenn ich ihr noch mehr Vitamine aufgezwungen hätte? (Allerdings wollte sie die gar nicht.) Hätten die letzten Tage, Wochen vielleicht mehr Qualität gehabt? Hätte ich mehr auf ihre Ängste eingehen sollen? (Allerdings wollte sie die gar nicht unbedingt mit mir teilen, weil ich ihr Kind bin.) Ich merke selbst, dass ich mich nur quäle.

Mein Bruder bringt es auf den Punkt: »Du kannst dir nicht alle Verantwortung überstülpen. Und ich denke auch, sie hat es so gemacht, wie sie es wollte. Das musst du respektieren.«

Recht hat er. Unsere Mutter ist einen anderen medizinischen Weg gegangen als den, den ich gewählt hätte. Meine Generation, zumindest ist das mein Eindruck, ist anders: Wir gehen gerne einen doppelten Weg. Schulmedizin plus Ganzheitsmedizin. Gerne auch Alternativen zur Chemie- und Pharmaindustrie oder eine Kombination mit Mikronährstoffen und ganzheitlichen Ansätzen. Meine Mutter hat sich zeitlebens für die komplette Chemiekeule entschieden. Warum hätte sie das am Ende anders machen sollen? Sie hat auch nie einen einzigen Ausdruck des Bedauerns an den Tag gelegt. Warum quäle ich mich jetzt?

»Ich glaube, Menschen tun, was sie tun müssen, Anna, entscheiden so gut für sich, wie sie können. Wir sind alle unterschiedlich. Sie hat ihr Bestes gegeben und du auch. Wir alle.« Mein Bruder ist ein kluger Mann. Auch wenn ich weiß, dass er durchaus manchmal mit sich hadert, er landet am Ende genau da, wo ich auch hinkomme. Manchmal ist er schneller als ich, aber er ist auch besonnener. Ich bin so froh, dass es ihn gibt, auch wenn er weit weg ist und nicht immer greifbar. Als Musiker tourt er durch die ganze Welt, aber nah fühle ich mich ihm dennoch. Er ist immer er selbst und immer anwesend, egal, wo er ist. Und darauf kommt es ja an.

»Im Trauerprozess taucht immer irgendwann die Schuld auf, Anna, auch das ist normal. Aber sie richtig einzuordnen, das ist der Trick.«

Und dabei können diese Schuldgefühle auch vollkommen unrealistisch sein. Mamas Tod hätte ich nicht verhindern können. Ihre Art, mit der Krankheit, die uns jahrelang verfolgt hat, umzugehen, auch nicht. Ihre Ernährung. Ihre Denke. Ihr Hineinwachsen ins Ende ihres Lebens. Alles nicht in meiner Macht. Gott, tut das gut. Warum machen wir das nur? Diese eigene Schuldzuweisung? Je mehr ich meine trauernden Freunde darauf anspreche, desto öfter höre ich:»Ja, mache ich auch. In Nuancen anders. Aber ja, mache ich auch. Schreib bloß darüber.«

Das Gute ist: Schuldgefühle sind nur eine Phase. Das ist wie mit einem Schreikind. Auch das Gebrüll ist nur eine Phase. Besser ist natürlich, die Ursachen abzustellen, aber trösten kann uns der Gedanke dennoch. Oder kennen Sie einen Schrei-Erstklässler? (»Meine Fresseeee!« und »Alteeeeer!«, mal abgezogen). Schuldgefühle sind ein bisschen wie Narbensalbe auf der Wunde. Der Schorf fällt zwar irgendwann sowieso von allein ab, aber wenn man regelmäßig cremt, geht's schneller. Im Gegensatz zur Blutgerinnung, die ohne uns ihr Ding macht. Doch welche »Salbe« schmiert man bitte auf die Trauer? Da heißt es: Abarbeiten. Wie ich heute mit meinem Bruder. Und plötzlich zieht es durch mein Schuld-Areal wie ein frischer, noch sonniger Herbstwind: Hinaus mit den Schuldgefühlen, denn sie helfen keinem. Und durch innere Vorwürfe wird keiner mehr lebendig. Und plötzlich sind sie verpufft. Richtig so.

Warum es ein Leben nach dem Tod der Eltern gibt

*J*ch könnte damit nicht klarkommen. Es ist so unvorstellbar für mich. Das Schlimmste, was ich mir vorstellen kann. Wie machst du das nur?«

Meine Freundin Johanna sagt es einfach. Ich kenne sie schon ewig, die längste und lustigste Pubertät meines Lebens, und weiß, wie sie es meint. Sie ist sehr direkt. Schon immer gewesen. Ich mag das, auch wenn es manchmal kurz zieht. Und ich erzähle ihr von gestern, als wir den Keller meiner Eltern aufgeräumt haben. Stundenlang. Spitzensonntag. Ein Ort, der eigentlich mal mit Sauna geplant war. Ein Keller mit fünf Räumen, ein Auffanglager für Sachen, die man eigentlich auch gleich hätte wegschmeißen können, wie bei den meisten eben. Ein Zuhause für die größten Spinnen, die ich je gesehen habe, in den gemütlichsten Ecken, die man als Spinne finden kann. Mein Mann rennt mit einem Bau-Staubsauger von Fenster zu Fenster, während ich mich durch kaputte Bilderrahmen, Lampen aus den 70ern und Textilien aus Kindertagen wühle. Meine Mutter war ein Wegschmeißer, mein Vater ist ein Sammler. Wenn dann der Wegschmeißer keine Kraft mehr hat, ist alles zu spät. Wir dürfen es heute ausbaden. Andererseits ist es auch gut so, es ist irgendwie ein reinigender Akt. Im wahrsten Sinne des Wortes. Dann stehe ich vor einem Unterschrank, den ich in meinen 20ern von Studentenbutze zu Studentenbutze mitgeschleppt habe. Ein potthässliches Teil. Ich ziehe die Schubladen auf, und vor mir liegt ein Leben. Meins. Aus den 2000ern. Alte, knochengroße Handys. Meine Examensarbeit auf CD. Disketten! Gehaltsabrechnungen von RTL als Volontärin. Ein Zirkel aus Abi-Tagen. Alles. Dazwischen: alte Briefe und Postkarten. Hatte ich wohl vergessen. Ein Liebesbrief fällt mir in die Hände. Handgeschrieben. Von meinem Ex-Freund. Da wohnte ich in der Gladbacher Straße in Köln, trug Röcke und spitze Pumps und träumte vom Privatfernsehen. Ich studierte Germanistik, Anglistik und Philosophie bis zum Abbruch, rauchte hin und wieder, um lässig und todesmutig zu wirken, und war verliebt in einen Kölner Perser, der nachts an meinem Bett saß, bis ich schlief, um sich dann aus der Tür zu schleichen. Keine Ahnung, wie sich das ergeben hatte, aber es war wildromantisch. Der Brief beginnt mit »Meine zukünftige Ehefrau«, ging weiter mit »denn wir werden immer zusammen durchs Leben gehen« und endete mit »ein Leben ohne dich ist unvorstellbar.« Später, nach zwei oder drei Jahren endete diese Liebe, die dann über Distanzen lief, erst Köln-Hamburg, dann Glasgow-Hamburg, ziemlich unspektakulär. Er war ein toller Freund, aber unsere Lebenspläne passten nicht mehr zusammen, und so ging es auseinander. Kurz denke ich an das Tschelo Kabab Kubideh seiner Mutter.

»Tja, und wer saugt jetzt mit dir die Spinnen weg?«, fragt mein Mann grinsend im Kellerlicht.

»Ich hab dich geangelt, nicht er. Aber sehr selbstbewusst.«

»Und warum erzählst du mir das?«, fragt Johanna.

»Du willst doch nicht eine verflossene Liebe mit dem Tod eines Elternteils vergleichen?«

»Nein und ja«, ist meine Antwort.

Denn: Mit 23 dachte ich tatsächlich, dass ich ohne diesen Mann nicht leben kann. Wir lagen auf der Motorhaube seines alten Golfs und beobachteten am Kölner Flughafen, wie die Flieger in die Nacht abhoben. Ich war so rasend verliebt, dass ich tatsächlich dachte, ich könnte ohne ihn nicht mehr atmen, was ein tolles Gefühl ist. Vor allem, wenn es erwidert wird. Und das war so. Es war eine sehr romantische Zeit mit allem, was das Soap-Herz einer jungen Frau begehrt, möchte ich sagen. Was mit Mitte 30 ungefähr dem Gefühl entspricht, wenn der Mann pünktlich die Kinder abholt und es sogar noch schafft, deinen Mantel aus der Reinigung zu holen. Oder deine Unterlagen und Belege für die Steuererklärung fertig macht. Oder einen Abend mit guten Freunden einen trinken geht, damit du auf dem Sofa sitzend serienguckend die Nägel machen kannst. Da wird's dann irgendwann praxisorientierter. Tatsache ist – Achtung, wir springen zurück –, ich konnte irgendwann dann doch ganz gut ohne meinen Perser leben. Auch wenn ich die Zeit nicht missen möchte und es wunderschön war. Es tat natürlich eine Weile weh, aber auch das ging vorbei und dann kamen Hans, Daniel und Martin. Nicht dass dies mit dem Tod vergleichbar wäre, alle leben noch, aber das Gefühl, nicht ohne einen von ihnen sein zu können, ist gewichen. Unsere Gesellschaft stellt den Tod als etwas hin, das man als Hinterbliebener unmöglich überleben kann. Oder wie meine Freundin Charlott neulich sagte:»Ich glaube, wenn meine Eltern sterben, will ich auch nicht mehr leben.«

Wenn man nicht von der Köhlbrandbrücke springen will, muss man es aber.

»Was ich damit sagen will, ist, dass wir Kraftquellen in uns anzapfen müssen und können, von denen wir nicht wussten, dass es sie gibt. Und das wirst auch du«, sage ich zu Johanna.

»Kann ich mir jetzt nicht vorstellen.«

An dem Tag im Keller finde ich noch mehr Liebesbriefe, Briefe voller Sehnsucht, aber auch voller Trauer. Abschiedsbriefe. Und eins wird mir zwischen den ganzen, teils gelben Seiten klar: Die einzige Person, ohne die ich nicht leben kann, bin ich. Ich bin die Konstante. (Kinder jetzt mal ausgenommen – das ist ein anderes Thema.) Auch mein Mann, der inzwischen den Spinnen neuen Wohnraum auf seinem Jeansknie offeriert, kann mich verlassen. Freundschaften können plötzlich beendet werden. Menschen ziehen weg. Aus den Augen, aus dem Sinn. Haustiere werden eingeschläfert. Blumen welken. Nach dem Sommer fällt das Laub. Ich verändere mich. Ich bin zwar im Kern immer ich, aber die Ereignisse des Lebens verändern, beuteln, formen, streicheln mich.

Müssen sie. Sollen sie. Nach meiner Scheidung dachte ich, ich bleibe allein für viele Jahre. Dann lief mir ein attraktiver Bayer in einem sächsischen Biergarten über den Weg. Man sollte seinen trüben Gedanken nicht zu sehr trauen. Sie machen sich morgen davon oder das schöne Leben kommt dazwischen. Aber zurück zu den Gedanken und Annahmen in unseren Köpfen. Oder wie meine Nachbarin Hanne immer sagt: »Du bist normal, wenn du mit dem Tod klarkommst. Der Mensch ist so gemacht. Unsere Gesellschaft weiß das nur nicht mehr oder schweigt darüber. Natürlich ist es kein leichter Prozess, Trauer dauert, aber wenn man psychisch halbwegs in Ordnung ist, dann kommt man nach einer gewissen Weile damit klar.«

Und Hanne war mit ihren über 80 schon auf vielen Beerdigungen. Sie ist quasi die letzte Überlebende, und trotzdem hat sie noch Freude am Leben und glaubt an Wunder. Mehr geht ja nicht.

»Ich könnte nur heulen, allein bei der Vorstellung daran!« Johanna ist skeptisch.

»Das geht und ging mir genauso«, erwidere ich. »Ich kann nur für mich konstatieren: Ich atme immer noch und ich habe genauso gedacht und gefühlt wie du. Es gibt Einbrüche, ja, aber es geht mir auch gut. Und jetzt genieße das Leben und freue dich, dass alle gesund sind. Bastele schöne Momente, die noch schönere Erinnerungen werden. Und wenn es traurig wird, haben wir immer noch uns.«

»Okay, wird gemacht.«

Parasiten

Okay, bereit für das Kapitel, das Sie in keinem Buch, das sich mit Trauer und Verlust beschäftigt, finden werden? Gut. Denn darüber spricht irgendwie keiner: Es gibt sie, die Parasiten. Diese Mitmenschen, die sich gerne mal etwas einverleiben, ihr Gewissen auf Kosten der Toten erleichtern oder dir noch mal einen mitgeben. Und damit meine ich keinen emotionalen Blumenstrauß! Mein Lieblingsbeispiel ruft meinen Vater an, nennen wir sie Gisela. Sie ist um die 60, hat die Figur meiner Mutter und stellt fest: »Sie hat mir im Krankenhaus zugesagt, dass ich mir noch Sachen von ihr aussuchen darf. Also Strickjacken, Tücher und was mir sonst noch so passt. Wann kann ich vorbeikommen?«

Mein Vater ist erst etwas perplex, um dann aber festzustellen, dass ich ja schon einen guten Teil veräußert hatte. Aber er will mich noch mal nachschauen lassen. In meinen Adern kocht währenddessen das Blut. Nicht dass ich nicht gern auch Sachen meiner Mutter verschenke, das habe ich bereits getan, allerdings an ihre engsten Freundinnen, bevor ich in den Edel-Secondhand bin. Da ich mir auch durchaus vorstellen kann, dass meine Mutter so etwas gesagt hat, ist es für mich prinzipiell auch vollkommen okay. Aber sich selbst einladen zum Leichenkleiderschrankfleddern? Irgendwie etwas »over the top«, hätte Mama gesagt. Und dann: »Na ja, so ist sie nun mal.«

Und als ob das nicht genug an parasitärem Verhalten wäre, setzt eine andere entfernte Verwandte noch einen drauf. Sie schreibt mir einen Brief. Da sie sich die letzten Jahre etwas danebenbenommen hat, will sie nun Absolution – die sie sich dann aber selbst erteilt.

Um es kurz zu erklären: Es geht um eine dieser von Neid zerfressenen Personen, die im Wettkampf des Nachwuchses – also ihrer Kinder und meiner Wenigkeit – immer ein Problem damit hatte, dass ich die Hindernisse des Lebens besser in Angriff genommen und gemeistert habe als ihre eigene Brut. Schule, Abi, Studium, Job, Lebenspartner, Kinder, Familie. Irgendwie schien ich es immer besser zu machen. Aber ist das wichtig? Sie hat ein paar Dinge versäumt, zum Beispiel ihren Kindern Danke- und Bittesagen beizubringen, echte Freundschaften zu pflegen oder mit sich selbst zufrieden zu sein. Wie dem auch sei: Das Leben ist ja eigentlich kein Wettbewerb, jedenfalls normalerweise nicht, es sei denn, man macht einen daraus. In dem Punkt war sie ganz vorne und das ganze Theater wurde zur Familienfehde mit Schuldzuweisung, wobei ganz klar ich an allem schuld war. Menschen gibt's. Ans Krankenhausbett kam sie zum Glück nicht, aber in ihrem Brief schrieb sie dann, wie froh sie doch sei, dass Mama ihr vergeben hatte. Sie hätten sich am Telefon ausgesöhnt und alles sei jetzt ja so gut. Beim letzten Versöhnungsversuch mit vielen roten Rosen an einem Lübecker Frühstückstisch hatte sie meiner Mutter vor Wut heulend vorgeworfen, dass man ihr Kind und seinen Erfolg – also mich –, nun mal nur schwer ertragen könne. Meine Mutter hatte das Frühstück abgebrochen. Wieso sollte das auf dem Sterbebett anders sein? Auch wenn meine Mutter der liebste und großzügigste Mensch auf der Welt war, wenn Schluss war, war für sie Schluss.

Von mir gibt es nachträglich auch keine Absolution, denke ich, während der Brief im Müll landet. Ich bin nicht böse und vergebe ihr, dass sie so ist, wie sie ist. Aber vergessen werde ich nicht. Auf Kosten einer Toten das eigene Gewissen aufzupolieren, geht gar nicht.

Das Schöne, wenn einem Unglaubliches widerfährt, ist, sich mit dem Menschen auszutauschen, der einen ohne große Erklärungen versteht: unsere Nachbarin und meine gefühlte Zweitmutter Hanne! Und so stehen Hanne und ich in einer milchigen Frühjahrssonne auf ihrer herrlichen Terrasse und kauen die Parasiten durch. »Unglaublich, wie pietätlos einige Menschen sind. Was ist eigentlich aus der geworden, die bei der Beerdigung noch ausgeliehene Gegenstände zurückhaben wollte, die man für zehn Euro hätte im Netz nachbestellen können?«

»Nichts. Ich habe zwar alles rausgesucht, aber Papa hat's verbummelt und nie abgeschickt.«

Ich muss grinsen. So bekommt jeder, was er verdient. Gilt auch für Parasiten. Und in Zukunft lasst euch eins gesagt sein: Um euch mache ich einen Bogen, sobald ihr euch selbst enttarnt habt.

Hilfe! Die Selbsthilfegruppe!

Eigentlich stelle ich mir das so vor wie bei den Anonymen Alkoholikern. Man steht auf und sagt:
»Hallo, ich bin Anna. Ich habe meine Mutter verloren. Das war im Januar und ich heule mir die Augen aus dem Kopf.«
Zum Beispiel. Oder so ähnlich.
Andererseits bringt das bestimmt nicht jeder mal eben so über die Lippen. Was, wenn jemand einen Nervenzusammenbruch hat? Die Trauer der anderen nicht aushalten kann? Einen Heulflash bekommt, weil es vielleicht noch zu früh für ihn ist, in so eine Gruppe zu gehen? Gibt es ein »Zu früh« überhaupt?
»Du machst dir viel zu viele Gedanken. Geh doch einfach mal hin – ganz wertneutral.«,
Meine Freundin Julia hat recht, aber: »Das kann ich nicht. Ich habe immer eine Idee oder Vorstellung. Ich mache schließlich Fernsehen, ich bin ein Augentier«, erkläre ich ihr.
Ich muss tatsächlich lachen, obwohl mir gar nicht danach ist. Mir ist eher unwohl. Aber ich will herausfinden, was in so einer Gruppe passiert und ob es mir guttut. Also habe ich mich angemeldet. Hilfe zur Selbsthilfe. Na dann.
Aus einem Mini vor mir steigt eine Frau. Sieht aus wie ich. Grüner Parka. Jeans. Holzfällerhemd. Stiefeletten. Okay, trägt zurzeit ja auch jeder. Aber sie macht mir schon mal Mut, dass dieser Abend etwas werden könnte. Zu uns gesellen sich ein paar klassische Muttis, Typ Lehrerinnen, Zopf, no Make-up, vegane Lederschuhe mit Ziernähten, Regenschirm dabei, man weiß ja nie. Aber

auch nett. Ein paar Rentner warten bereits, lächelnd. Wir sind in einer Grundschule und sitzen an Kinderbänken. Ich auf Leonies Platz. Dann kommt eine robuste Mitvierzigerin rein. Anne ist mir sofort sympathisch. Sie begrüßt uns und erklärt uns gleich Folgendes:

»Hier darf jeder sein, wie er will. Aber wir sind hier nicht bei den Anonymen Alkoholikern. Heißt: Hier muss keiner etwas preisgeben. Ich finde, Erklärung und Wissen entlasten, und deshalb erkläre ich euch jetzt mal, was bei euch in der Trauer überhaupt passiert. Und wer dazu etwas beisteuern will, her damit.«

Und so erklärt sie das Trauermodell nach Kast mit den vier Phasen: Erst das Nicht-Wahrhaben-Wollen, dann die aufbrechenden Emotionen, dritte Phase: Suchen-Finden-Sich-Trennen und Nummer Vier: neuer Selbst- und Weltbezug. Dazu nennt sie immer wieder Beispiele. Und auch wenn das alles nicht neu für mich ist, es ist irgendwie angenehm. Zu wissen, von anderen zu hören, dass das, was man hinter sich hat oder in dem man immer noch tief drinsteckt, vollkommen normal ist. Und so geht es auch den anderen: Die Parka-Kollegin nickt, die Lehrer-Muttis werfen hin und wieder Kommentare ein, die sogar im Ansatz witzig sind.

»Also, Phase eins ja, da habe ich fast auf den Oberarzt gereihert!«

»Nee, Phase zwei war schlimmer, da habe ich dem Baby Kaffee in die Milchflasche gefüllt, weil ich so übermüdet war.«

»In Phase drei habe ich fast den Postboten und den Supermarktkassierer für meinen Mann gehalten.«

Also entweder sind die Trauerprofis oder Animateure. Die Diskussion wird immer reger. Erleichterung macht sich breit. Ich weiß nur nicht, ob Erleichterung darüber, dass wir alle gleich sind, oder darüber, dass hier nicht nur Bekloppte sitzen – eigentlich gar keine. Einfach nur Menschen mit einem emotionalen Rucksack, den sie optimal schultern wollen. Mehr nicht. Neben mir sitzt Rentner Hartmut:»Ich glaube, ich habe die Phasen eins und zwei vertauscht. Hannelore zu verlieren fing erst mit Trauer an, dann kam das Entsetzen mit den Symptomen.«

»War bei mir ähnlich«, sagt eine ältere Dame, die auf Ferdinands Platz sitzt und eigentlich perfekt zu Hartmut passt, denke ich.

Klein, zierlich, mit zärtlichen Knopfaugen. Sieht aus wie die Omi aus *Lauras Stern*; bin ich froh, dass meine Tochter das nicht mehr guckt, aber die Omi war süß.

»Und dann bin ich gleich in Phase vier hineingeschlittert«, erklärt Hartmut in Richtung Omi Stern.

Flirtet da wer? Aber das ist ja auch Phase vier: Wieder rein ins Leben. Hätte Hannelore bestimmt auch gewollt.

»Jeder geht irgendwie durch diese Phasen«, bestätigt Anne. Plötzlich weint eine der Lehrerinnen neben mir. Lautlos. Ich gebe ihr ein Taschentuch. Sie lächelt. »Danke.«

Mehr sagen wir nicht und mehr ist auch nicht nötig. Keiner guckt blöd oder zweimal. Alles ist erlaubt.

»Okay, da alle diese Phasen irgendwie kennen, durchlaufen haben oder werden – wie kann man sie gut bewältigen?«, fragt Anne. »Je mehr wir verstehen, desto besser können wir mit den Dingen umgehen. Stichwort: Ritual. Ich fange mal an: Als mein Mann gestorben ist, habe ich jede Woche frische Blumen zu seinem Grab gebracht und daheim einen Mini-Altar gebastelt, an dem ich abends eine Kerze angezündet habe. Das mache ich heute noch – auch wenn er vor sechs Jahren verstorben ist und ich wieder glücklich liiert bin. Und der Altar – nun ja, den nimmt keiner als solchen wahr. Der ist nur für mich.«

Und dann geht es los. Jeder hat sein Ritual. Die eine Mutti-Lehrerin hat Fotos aufgehängt, Omi Stern hat Bilder gemalt, die andere Mutti schreibt Tagebuch, die andere Lehrerin hat feste Erinnerungszeiten in die Pausen integriert, Hartmut hat Hannelores Stammplatz eine Weile frei gehalten, bis er das Gefühl hatte, sie sei einverstanden, dass jetzt jemand auf ihrem Schafsfellbeifahrersitz platznehme (horcht Omi Stern da etwa auf?), und der Rentner neben Hartmut hält gerne am Grab Zwiegespräche.

Anne lacht: »Ich glaube, ihr seid echt eine Gruppe, die kaum Hilfe zur Selbsthilfe braucht.«

Das denke ich auch. Mein Parka-Zwilling grinst: »Dann gründen wir die Selbsthilfegruppe, die keine ist. Das ist doch eine super Geschäftsidee.«

So locker habe ich mir das nicht vorgestellt. Am Ende können wir noch Fragen stellen. Eine der Lehrerinnen möchte wissen, ob es statistisch eine Zeitspanne gibt, in der ein Mensch in Trauer ist.

»Na ja, das hängt von so vielen Faktoren ab, dass es eigentlich keine Durchschnittswerte gibt. Wie war die Beziehung zum Verstorbenen? War er krank oder war der Tod plötzlich? War es der 90-jährige Vater oder das Kind? Jeder trauert um jeden anders. Es gibt diesen Wert von drei bis fünf Jahren, aber ich halte das für falsch. Wichtig ist nur, wie man sich selbst fühlt. Wird es leichter oder schwerer?«

»Genau, das ist es«, sagt jemand und alle gucken.

Das war ich. Aber die Blicke sind nicht unangenehm. Ein verständnisvolles Lächeln erreicht mich vielmehr.

»Diese Frage stelle ich mir auch immer wieder«, erkläre ich und merke, dass mein Kopf etwas heiß wird. Rot werde ich ja nie, aber hitzköpfig. Die Zeit vergeht und irgendwann sind die eineinhalb Stunden um, aber gefühlt war es eine halbe. Wir gehen alle raus in den Regen und irgendwie geht jeder seiner Wege, weil es kalt geworden ist und der Wind unter die norddeutschen Kapuzen geht. Aber es fühlt sich untereinander alles andere als frisch an.

»Tschüs!«, ruft mir meine Taschentuch-Lehrerin zu und ich antworte auch »Tschüs!« in der gleichen Tonlage und winke dem Parka-Zwilling und Hartmut und Omi Stern, die sich bei ihm untergehakt hat, um nicht die Treppe herunterzufallen. Alle strömen in verschiedene Richtungen. Und doch kommen sie mir alle einen Hauch leichtfüßiger vor. Für einen kurzen Moment sieht das Augentier in mir alle mit ihrem emotionalen Rucksack laufen und es sieht aus, als hätten sie ihn alle einmal mit dem Rücken nach oben geschaukelt, wie Schulkinder das gerne mit ihrem Ranzen machen, und ihn zurechtgerückt.

»Hallo, ich bin Anna, ich habe meine Mutter im Januar verloren und mit euch zusammen mein Trauergepäck wesentlich transportabler geschultert. Danke dafür.«

Mamas Geburtstag

An Mamas Geburtstag wache ich auf und stelle fest: Es geht eigentlich. Dass der Geburtstag, der Todestag oder Weihnachten schlimme Tage für Hinterbliebene sind, habe ich jetzt häufiger gehört. Auf mich trifft das heute nicht zu. Ich musste nämlich schon mal vortrauern: Zwei Tage zuvor hatten mein Mann und ich ersten Hochzeitstag. Da war mir auch flau im Magen, da wir ja extra für Mama die Hochzeit übers Knie gebrochen hatten. Hauptsache nicht ohne Mama heiraten, das war meine Intention. Und ich sollte ja recht behalten. Ein Jahr später – also jetzt – hätte ich nicht ans Heiraten denken können. Ich musste dann doch unser Hochzeitsalbum anschauen. Mama in ihrem terracottafarbenen Kostüm. Dazu flache Pumps in Cognac, der übliche Goldschmuck, kräftiger Lippenstift. Schön sah sie aus. Zart steht sie zwischen uns vor dem kleinen Rathaus, in dem sie meinen Vater geheiratet hatte, lächelt tapfer. Im Nachhinein hat sie einigen Freunden erzählt, wie schön es war. Leicht war der Tag für sie allerdings nicht. Aber vielleicht war es ihr ein Trost, dass ich meinen Traummann geheiratet habe. Mir wäre es einer, wenn ich meine Tochter verabschieden müsste. Und ich weiß, dass sie mit meiner Wahl glücklich war, so gut sie das konnte, denn prinzipiell war eigentlich ja keiner gut genug. Von denen habe ich mir mit Sicherheit den allerbesten ausgesucht. Lange Rede, kurzer Sinn: Der Hochzeitstag ist so eng mit ihr verknüpft, dass mich das mehr angestrengt hat als ihr Geburtstag heute. Und dann schreibt mir eine Verwandte tatsächlich Folgendes: »Ich gratuliere dir zum Geburtstag deiner Mutter. Alles Gute.«

Ich bin etwas perplex. Das Telefon klingelt und eine Bekannte nuschelt mir ins Ohr: »Wir denken an deine Mutter heute.« Danach geht es non-stop weiter. Wahrscheinlich wollen sie mir alle das Gleiche sagen. Aber einige verpacken es so ungeschickt. Schön sagt es eine enge Freundin meiner Mutter: »Heute wäre ihr Geburtstag. Wir denken ganz fest an sie und euch.«

Und je mehr der Tag ins Land geht, desto häufiger frage ich mich, wäre es mir lieber, wenn alle diesen Tag vergessen hätten? Irgendwie ist es doch tröstlich – trotz dämlicher Wortwahl hier und da: wäre Mama noch da, sie hätte Käsekuchen und Sour Cream Coffee Cake gebacken und eine spontane Meute Gäste empfangen. Der Besuch hätte Blumen und Bücher und ihre Lieblingshandcreme mitgebracht und abends wären wir vermutlich essen gegangen. Stattdessen: nichts. Nur mein Vater ruft an und stellt fest: »Heute ist kein schöner Tag.«

Ihm fällt es offenbar schwerer als mir. Ich will's wie immer genauer wissen und beginne zu lesen. Trauerforscher erklären, dass der menschliche Körper an solchen Tagen durch seine Trauer besonders erschüttert wird. Vermutlich weil die Zellen sich erinnern. Beste Gegenwehr: Symbolträchtiges tun und Rituale pflegen. Und warum hilft das? Das wissen die Neurowissenschaftler. Da gibt's im Gehirn so eine Stelle, die heißt orbitofrontaler Kortex. Und dieses Areal rettet uns an so einem Tag, denn dort ist alles verankert, was in uns seit frühester Kindheit Wohlbefinden auslöst. Zum Beispiel bestimmte Musik, die uns beruhigt (in meinem Fall Jazz), Gerüche aus der Natur (wie frischgemähtes Gras) oder eben Symbole wie ein Regenbogen am Himmel, wenn als Hoffnungsträger deklariert. Und deshalb müssen wir theoretisch nur den Kortex anzapfen, also etwas tun, was sich an unseren tiefsten Erinnerungsspuren orientiert und uns so tröstet. Ich beschließe, Mamas Silberbilderrahmen zu putzen. Die sind im ganzen Haus verteilt und teilweise schon angelaufen. Also her mit dem Silberputztuch! Und ich beschließe gleich noch ein bisschen umzurahmen. Ungeliebte Verwandte müssen weichen, stattdessen rahme ich Mama. Wie sie Papa im Standesamt heiratet Ende der 70er-Jahre. Wie sie in New York im MOMA meinen Bruder anlächelt vor dem Klassiker mit Campbells Tomatensuppendosen. Wie sie auf Coney Island eine Palme umarmt. Mama und ich bei Chad, dem Lieblingsfriseur meiner Familie in Montréal. Ein guter Moment war das, wir fühlten uns gut und fanden unsere Haarschnitte sensationell. Mama lächelt mich von überall an.

»Auch wenn es eine Frechheit ist, dass du heute keine 75 wirst!«, sage ich zum letzten Bilderrahmen. Es tut weh und gleichzeitig gut. Trauer überlistet! Im Übrigen ist dieses Gefühl des »Es geht eigentlich« zwischen all den Tagen des gefühlvollen Elends unheimlich wichtig. Diese Wellenbewegung bewahrt uns nämlich davor, verrückt zu werden, sagen meine Freunde, die Neurowissenschaftler. Wir müssen trauern, dürfen es aber nicht permanent tun. Unsere Stimmung muss sich zwischendurch aufhellen, wir treten in Kontakt mit unseren Mitmenschen, unserer Umwelt, um dann wieder in den Trauerprozess abzutauchen. Dabei hilft der orbitofrontale Kortex, der uns diese Stimmungsumschwünge ermöglicht und so den Schmerz lindert. Deshalb gewöhne ich mich langsam an die Lücke, die Mama hinterlässt. Logisch, oder? So viel zum theoretischen Teil.

»Komm, wir gehen ins Elements essen. Das mochte deine Mutter doch auch so gerne«, sagt der Mann, den ich geheiratet habe. Und ich denke: kluger Mann. Er macht instinktiv das Richtige. Und: Kortex sei Dank!

Trauern Männer anders?

Ja, glaube ich. Und je mehr ich mich mit dem Thema beschäftige, stelle ich fest: Es muss so sein. Ich behaupte sogar, Männer sind in der Trauer das schwache Geschlecht. Beispiele?

Nehmen wir meinen Freund Sascha: »Meine Trauer hat sich in drei Jahren nicht verändert, aber ich reise ja auch nur durch die Welt und drehe!«

Oder Rainer: »Das wird jetzt mindestens zwei Jahre dauern, bis es dir wieder etwas besser geht.«

Oder mein Freund Johannes: »Ich saß heute den ganzen Tag auf dem Sofa und hab geheult. Aufstehen ging nicht.«

Ich schreibe das alles völlig wertfrei: In der Trauer ist alles vollkommen in Ordnung. Aber ich kenne solche Sätze von keiner Frau. Und so langsam habe ich eine Idee, warum. Frauen sind besser trainiert in Sachen emotionaler Erschütterung. Wir werden gemobbt, kriegen Kinder, müssen diese ganzen bekloppten Hormone ausbalancieren und sind im täglichen Spagat zwischen Familie, Job und Lebensqualität unterwegs. Jede auf ihre Weise. Zwischendurch heulen wir eine Runde im Auto auf dem Rückweg vom Kindergarten oder vom Einkaufen, und dann falten wir die Wäsche und vereinbaren währenddessen schon das nächste Meeting. Depressive Schübe kennen wir, das Auf und Ab sind wir gewohnt. Oder wir rufen eine Freundin an und sagen Carrie-Bradshaw-mäßig: »Ich muss reden. Jetzt. Unser Café?« Oder schreiben eine SOS-WhatsApp-Nachricht, die meist umgehend beantwortet wird. Weil wir alle untereinander wissen: Wir brauchen uns. Wir sind nie allein.

Wir kommunizieren permanent. Wir Frauen. Deshalb heulen wir auch, wenn unser Smartphone runterfällt. Es ist unser Draht zur Außenwelt. Unser Feuer für Rauchzeichen. Männer stecken es nur in die Hosentasche, lassen sich bestrahlen und telefonieren. Sie kommunizieren nicht. Männer stecken ein bisschen emotional fest, die armen Kerle. Die müssen stark sein, den kitschigen Fels in der Brandung geben, die können sich mal eine Kippe zwischen die Lippen klemmen, ein Glas Gin Tonic eingießen, aber den besten Freund anrufen und sagen: »Wir müssen reden. Hast du Zeit?« Welcher Mann macht das? Nicht mal meiner und er lebt ein überdurchschnittlich artikuliertes Leben. Und welche Frau will so einen? Achtung, Schuldgefühl, schnell wegducken!

»Nur die, die zu viel Östrogene aus ungefiltertem Trinkwasser geschluckt haben«, würde mein männlicher Mann sagen. Männerfreundschaften sind irgendwie anders: Diese Spezies redet über Fußball, den Job, Politik, Sport. Aber darüber, was in ihnen vorgeht?

Pastor Frank Karpa, 43, blond, Brille, Familienvater, sanfte Stimme, kennt sich aus mit Männertrauer, denn sie ist sein Thema als Pastor für Männer- und Familienarbeit in Eutin. »Wissen Sie, in Familien und Partnerschaften sind Frauen doch die Emotionsministerinnen«, sagt er mir beim Telefoninterview. Ich muss lachen. Er fährt fort: »Der Mann ist das nicht gewohnt. Das hängt mit der Sozialisierung zusammen. Wer sich als Teenager das Weinen abgewöhnt hat, der will doch nicht mitten im Leben wieder ohne Weiteres damit anfangen. Außerdem ist das mit einem Kontrollverlust verbunden, den viele Männer scheuen.«

Er hat schon viele Männer in ihrer Trauer begleitet. »Und wenn sie die Tränen brauchen – dann stehen sie nicht mehr zur Verfügung. Leitung abgeklemmt. Und auch wenn mir solche Sätze wie ›Männer sind vom Mars und so weiter …‹ auf die Nerven gehen, muss man wohl konstatieren: In der Trauer trennen uns Welten. Ich erinnere mich an eine Beerdigung, da umarmten sich zwei Männer, zwei Brüder um die 50, nachdem der Sarg ihrer Mutter in die Erde gelassen wurde. Sie klopften sich dermaßen hart auf den Rücken, dass ich mir sicher war, dass beide hinterher einen Termin beim Orthopäden bräuchten. Das war für sie die größtmögliche emotionale Geste.«

Ich muss kurz schmunzeln. Jeder kennt diese Männergeste, dieses Abklopfen. Der Mann, das nicht trauerfähige Wesen.

»Was soll denn der Mann nur machen? Oder wie kann frau da helfen?«, will ich von Pastor Karpa wissen, der immer betont, kein Experte zu sein, sondern nur bei seiner Arbeit Männer beobachtet.

»Ich denke, Männer brauchen geschütztere Räume als Frauen. Eben weil sie keinen Gesichtsverlust erleben möchten. Deshalb ist für Männer eine dritte neutrale Person am besten. Ein Seelsorger. Ein Coach.«

»Verrückt. Frauen machen das genaue Gegenteil«, sage ich. »Rufen die Sandkastenfreundin aus Kindertagen an. Jemand, der einen schon ewig kennt, um sich auszuheulen. Aber weil wir es schon immer so machen. Logisch.«

Ich fühle mich dem männlichen Geschlecht näher denn je. Und bin stolz auf meinen Bruder. Der redet, ist trotzdem männlich, und hat sich eine neutrale Gesprächspartnerin gesucht, eine Buddhistin. Aber in New York ist Zum-Shrink-Gehen ja auch wie in Deutschland zur Autowäsche. Normal.

Ich rufe meinen Mann im Büro an: »Redest du mit deinen engsten Freunden über deine Gefühle? Oder hast du sie mal um Rat gefragt? Jemals? Ob du mich gefahrlos heiraten kannst zum Beispiel? Ob ich in Ordnung bin?«

»Nein. Nein. Und nein.« Lacht jemand am anderen Smartphone.

»Hmmm.«

»Manchmal ergeben sich solche Gespräche aber schon – nur eher selten.«

»Es besteht also noch Hoffnung für dich«, sage ich. Und überlege, wie oft ich ihn frage, wie es ihm geht. Eigentlich nicht so oft. Dafür schütte ich ihm täglich meine Gefühle entgegen, wie andere ihre Schubkarre voller Eichenblätter auf dem Komposthaufen entleeren.

»Also, falls wir mehr über deine Emotionen reden sollen in Zukunft, dann ...«

»Anna, schreib dein Buch weiter, ich melde mich schon, wenn es etwas zu besprechen gibt!«

»Okay.« Schüchtern ist dieses Exemplar von Kerl nicht. (Und falls doch, ich lasse mich gerne auf dieses Kapitel festnageln!)

Fazit: Männer und der Tod – das ist offenbar eine noch schwierigere Beziehung als für uns Frauen. Trauer passt nicht ins männliche Selbstbild, es fehlt die Strategie. Deshalb greifen Männer eher zum Glas, zur Kippe, laden sich noch mehr Arbeit auf, hauen sich gegenseitig ein paar Frontzähne aus oder leugnen ihren Verlust. Also nicht den der Zähne, versteht sich. Ich beschließe, meine trauernden Männerfreunde ab sofort mit noch mehr Liebe zu behandeln. Und sie trotzdem Mann sein zu lassen. Erscheint mir der beste Weg, um das starke Geschlecht mehr zu stärken. Denn in der Trauer sind wir nicht gleich: Da haben die Mädels tendenziell etwas mehr Hosenbein an.

Leichenschau: ja oder nein?

_D_er Tod einer Mutter ist der erste Kummer, den man ohne sie beweint«, lese ich. Und denke: Ja, Mama hat jeden Kummer begleitet: Den ersten Sturz vom Pferd. Die erste Sechs wegen des ungenutzten Spickzettels in Englisch. Den ersten Liebeskummer wegen Daniel, den ich ja mit 17 heiraten wollte. Die Scheidung von Ehegatte Nummer eins.

Jetzt sitze ich da und muss weinen, weil sie weg ist und nie wiederkommt. Und wem soll ich jetzt bitte die Ohren vollheulen? Mit Vätern ist das doch nicht das Gleiche. Die kann man in beruflichen Dingen fragen oder in Steuersachen. Aber doch nicht bei so was. Und wenn die Trauer einen so anfällt, will man sie irgendwie im Zaum halten. Nicht leugnen, das wäre falsch, aber wie einen Hund an die Schnappleine legen (Kennen Sie die noch? Die aus den 80ern mit den zwei Längen?). So hätte ich gerne die Trauer im Griff. Je nach Lage, mal näher ranziehen und dann wieder laufen lassen, wenn sie woanders mal schnuppern will, aber eben die Kontrolle behalten. Hundeschule für die Tränen: sitz, platz, bei Fuß!, das wär's doch. Ein Thema, das Madita van Hülsen gut kennt. Sie ist TV-Moderatorin wie ich. Sie ist attraktiv, quirlig, frech und angenehm unspießig. Und obwohl sie unendlich viel Lebensfreude ausstrahlt, ist Madita ausgebildete Trauerbegleiterin. Der Tod hat schon früh ihren Weg gekreuzt, als ein Freund von einem Zug ohne Warnsignal erfasst wurde. Und wenn sie nicht vor der Kamera steht, ist sie zusammen mit ihrer Partnerin Anemone für ihre Agentur für Trauerarbeit und Trauerkommunikation _Ver-_

giss mein nie in Aktion, um Trauernden zu helfen. Welch Doppelleben. Und doch passt es ja irgendwie gut zusammen, denn wer nach dem Tod fragt, der fragt eigentlich nach dem Leben.

»Die Toten haben Humor!«, erklärt mir Madita lachend. »Auch auf Beerdigungen gibt es doch Momente, wo alle gemeinsam lachen. Ich denke da an einen Moment, als ich eine Trauerrede gehalten habe und es sind drei rote Kerzen umgefallen. Und die Witwe fing an zu lachen und sagte: »Günter hat Rot irgendwie nie gemocht.«

Ich erzähle ihr von Mamas Glühbirnen und sie attestiert mir keinen Schwachsinn. »Wer weiß, wäre doch durchaus möglich. Ich spreche auch mit den Toten. Das mag sich für Menschen, die noch nie einen Verstorbenen gewaschen und angezogen haben, befremdlich anhören, aber ich finde, Liebe und Respekt verändern sich ja nicht mit dem Tod. Als ich beim Bestatter gearbeitet habe, habe ich beim Ankleiden liebevoll gesagt: ›Hallo Frau Müller, jetzt ziehen wir sie mal an.‹«

Taff, diese Madita. Oder vielleicht so natürlich, wie wir gar nicht mehr sein können. Sie rät auch dazu, sich den Verstorbenen noch einmal anzusehen. Das habe ich bei Mama nicht getan und seit ein paar Wochen treibt mich der Gedanke um, ob ich das hätte tun sollen. Vielen Menschen fällt das Realisieren dann leichter. Ich wollte Mama lebendig im Kopf behalten, aber vielleicht hätten diese Bilder ihren toten Körper ohnehin überlagert? Und wenn nicht? Andererseits wären einige Tage vergangen, bis ich sie mir hätte anschauen können, sie lag ja auf Eis. Und der Körper verändert sich ja so oder so. Auch Mama on the rocks. Man kann aber auch nicht mit allem hadern, verdammt.

»Bei einem Unfalltod würde ich auch davon abraten, wobei es tolle Möglichkeiten gibt, den Menschen so zurechtzumachen, dass es für die Angehörigen okay ist. Aber letzten Endes muss es jeder selbst wissen. Hauptsache, man bekommt die Chance. Das Kopfkino ist meistens schlimmer als die Realität. Und die Wahl zu haben ist immer besser.«

»Was hältst du vom Aufbahren zu Hause? Gute Sache? Haben wir das verlernt?«, frage ich.

»Es wäre schon besser, wenn wir uns das aussuchen könnten. Ein Zwang in die eine Richtung bringt nichts, in die andere auch nicht. Es ist nur wichtig, dass wir uns mit diesem Thema so auseinandersetzen, dass wir sagen und einschätzen können, für meine Trauer will ich den Toten zu Hause haben. Also für unser Wohlbefinden entscheiden und nicht gegen unsere Angst.«

Ich muss an den Vater meiner Freundin Ulrike denken. Er wurde in seinem Haus aufgebahrt. Ich fand den Gedanken im ersten Moment gruselig. Inzwischen muss ich zugeben, verändert sich meine Haltung dazu. Aber wie es für mich wäre, kann ich nicht einschätzen. Ob ich das auch für meine Mutter wollen würde, weiß ich nicht. Nur eins weiß ich: Die Natürlichkeit ein bisschen zurückzuholen in unser Leben, das wäre was. Gilt ja auch für Geburten. Alle reden vom After-Baby-Body, vom Kaiserschnitt, wollen modische Umstandskleidung. Ich nehme mich da gar nicht aus. Aber wer redet über die monströsen Peinlichkeiten und Schmerzen? Über Kaiserschnittnarben, die von innen drücken? Über Thromboseprophylaxe und Depressionen? Kaum einer. Man will's ja auch nicht ständig hören. Aber manchmal kann es auch guttun, ehrlich zu sein. Oder zu sagen:»Hey, du hast gerade entbunden und fühlst dich beschissen? Das ist normal. Die guten Momente kommen erst in ein paar Wochen, wenn du Routine hast.« Oder auf den Tod gemünzt:»Ja, das Lebensende tut weh und du wirst dich verlassen fühlen, viel weinen, vielleicht auch körperliche Schmerzen haben, vielleicht Wahnvorstellungen und Albträume, Migräne und Bauchweh und Rückenschmerzen, aber es wird auch der Tag kommen, an dem du wieder lachst und der Tod nicht weniger weh tut, aber sich integriert hat in eine Gefühlspalette, die zu dir gehört.«

»Und was sagst du als Profi zur Trauerbewältigung?«, frage ich Madita.

»Wir haben viele Trauernde, die zu uns kommen und als Erstes sagen: ›Ich bin jetzt schon mehrere Monate traurig, mach bitte die Trauer weg.‹ Das geht leider nicht, das können wir nicht. Aber wir unterstützen denjenigen darin, voranzutrauern. Zum

Beispiel durch positives Erinnern, wodurch man wieder Kraft ziehen kann.«

Trauere ich voran, überlege ich? Wenn vorantrauern bedeutet, dass die Trauer einen nicht mehr einengt, man seinem Alltag nachgehen kann und die Traurigkeit einen zwar in Wellen überspült, aber nicht einschränkt, ich trotzdem in die Zukunft blicken kann, dann ja.

»Und wie macht ihr das genau?«

»Mit Erinnerungen. Wir halten die Erinnerungen an den Verstorbenen fest, indem wir etwas Einmaliges schaffen. Das kann ein Buch für die Kinder des Verstorbenen sein, in dem alte Freunde erzählen, wie die Mutter oder der Vater war, ein Film, zusammengebastelt aus alten Super-8-Schnipseln und neu vertont, ein Schal, gestrickt aus der Wolle des Lieblingspullis der Oma, oder eine Wanderkarte mit den wichtigsten Lebensstationen. Wir arbeiten mit den Erbstücken.«

Mit den Erbstücken arbeiten. Eigentlich mache ich das auch – auf meine Art, denke ich. Indem ich Bilder rahme, indem ich Mamas Ring trage, hin und wieder ihre Schals. Vielleicht bin ich auf einem guten Weg. Instinktiv. Und wenn es mich doch überkommt, kann ich immer noch alle meine Mama-Schätze zusammenraffen und mit Madita basteln.

Der Tod einer Mutter mag der erste Kummer sein, den man ohne sie beweint. Aber so ganz gehen Mütter nicht, denke ich. Sie hinterlassen uns so viel: Schmuck, Tagebücher und schlechte Angewohnheiten wie übertriebene Höflichkeit und Zurückhaltung.

»Mütter sind wie alte Bäume, sie leben in uns, unseren Träumen. Wie ein Stein den Wasserspiegel bricht, zieht ihr Leben in unserem Kreise. Mütter sterben nicht. Mütter leben fort auf ihre Weise.« Wieder eins von Mamas Gedichten, eine herausgerissene Seite ihres Terminplaners.

Mütter leben ewig – durch unsere Erinnerungen. Egal, ob man sie noch einmal gesehen hat, nachdem sie mit dem Nicht-mehr-Atmen begonnen hatten.

Mamas Erbe wird renoviert

Weinend sitze ich vor der weißen Wand. Die vorher mal gelb war. Kurfürstengelb. Wie in alten Schlössern. Es war an der Zeit, einige Zimmer neu zu streichen in meinem Elternhaus. Mein altes Kinderzimmer, das während unserer Besuche zum Zimmer meiner Tochter geworden ist, war als Erstes fällig. Frisch sollte es werden, aber in Mamas Sinn. Etwas strahlender, war der Plan, aber immer im Hinblick auf ihr Vermächtnis. Zumindest in meinem Kopf. Es ist nun mal mein Elternhaus. Jahrelang, eigentlich lebenslang hat meine Mutter daran gefeilt. Mit Malern, Architekten, Raumausstattern. Ein Lebensgesamtkunstwerk ist draus geworden. Wie in *SCHÖNER WOHNEN*, nur dass man tatsächlich darin wohnen konnte. Schick, aber gemütlich. Gediegen, aber lebensecht. Selbst die Spinnen an der Wand haben stilvolle Patina, möchte ich sagen. Nun sitze, nein, kauere ich auf dem Boden meines alten Kinderzimmers und fühle mich, als hätte ich ihr Vermächtnis mit Füßen getreten. Meine Freundin Julia kommt vorbei und sagt: »Gut, es wirkt anders, aber das wird schon. Bisschen mehr Deko, Licht, Gedöns dann ist das cool.«

»Aber es ist nicht im Stil des Hauses!«

»Nein, aber bist du das Haus oder deine Mutter?«

Hat sie auch wieder recht. Dennoch: Ich empfinde den Raum plötzlich als kalt und alles andere als frisch. Ich habe in all meinen Wohnungen immer mit weißen Wänden und weißen Teppichen gewohnt, durchbrochen von Parkett. Hat immer funktioniert. In meinem Elternhaus gibt es nur Teppichboden – eben typisch 80er-Jahre. Und nach dem Luxusteppich, der tatsächlich bis 2016 gehalten hat, wollte ich wieder Teppichboden. Und wo bin ich gelandet? Bei einer cremeweißen Version, englischem »Smart Strand«-Verschnitt, von dem ich dachte, er würde wunderbar passen. Englisches Stadthaus kommt dem nahe. Doch der Teppich strahlt ab, macht alles steril, mein kleines altes Kurfürstenkinderzimmer mit der nun weißen Wand. Es tut weh. Meine Freundin Julia will mich trösten, aber kaum etwas dringt zu mir durch.

»Vielleicht bin ich auch so kindheitsgeprägt, dass es mir anders gar nicht gefallen kann? Sein Elternhaus zu verändern, ist offenbar härter als eine Eigentumswohnung zu gestalten. Da gibt es ja keine Gewohnheit, keine Vorbelastung, keine 35 Jahre gelebtes Leben.«

»Möglich.«

Und so sitzen wir auf dem Teppich, der sinnbildlich auch das Ende meiner stofflich-textilen Kindheit auf dem Boden meines alten Zimmers markiert. Wieder ein Schritt weg von meinem inneren Zuhause.

»Vielleicht musst du etwas ganz anderes machen«, durchbricht Julia meine Gedanken.

»Ja, vielleicht. Und du hast recht, ich bin ja nicht sie. Ich bin ich. Aber dieses Zimmer, das waren sie und ich, sie und Karlotta. Meine Kindheit.«

Der Maler betritt das Zimmer: »So, Zeit für neue Probeanstriche.«

Herr Dix ist ein Engel in weißer Maleruniform. Er pinselt, was die Farbe hergibt. Mehrere gebrochene Weißtöne.

»Dieser gefällt mir«, sage ich und deute auf einen Ton, der leicht ins Gräuliche abdriftet, aber einen rötlichen Schimmer mitbringt.

»Das ist witzig, den Ton, nur um eine Nuance heller, haben wir im Nebenraum.«

»Wirklich?«

Mir fällt ein Stein vom Herzen.

»Siehst du! Du bist nur nach deinem Gefühl gegangen und doch hast du den Stil getroffen. Der wird's dann wohl.«

»Ja«, lächle ich. Ich bin nicht Mama, aber ich will ihr Lebenswerk in Ehren halten. Ich stelle einen Garpa-Tabletttisch vor den Probeanstrich und eine Lampe mit Dimmer davor.

»Schön!«, sagen zwei Menschen hinter mir.

»Ja, das war es immer und wird es auch immer sein«, murmele ich. Denn die Seele des Hauses ist hier. Und just in dem Moment verabschiedet sich tatsächlich seit Langem mal wieder eine Glühbirne.

Was sollen Menschen eigentlich auf Beerdigungen sagen?

Dieses Kapitel wollte ich schreiben, um allen einen Fahrplan an die Hand zu geben. Zumindest allen, die nicht älter als Mitte 30 sind, sich überfordert fühlen und einfach nicht das Falsche sagen wollen. So wäre es mir nämlich vorher gegangen – bevor Mama sich ausgeklinkt hat. Das Gemeine ist nur: Ich bin kein Stück besser als vorher. Wie ich darauf komme?

Ich stehe selbst auf der nächsten Beerdigung, vor der mir erst einmal gegraut hat. Was, wenn Mamas Beerdigung mir gleich wieder »hochkommt«? Wenn alles rausbricht, von dem ich vielleicht gar nicht weiß, dass es unter meiner emotionalen Epidermis schlummert? Tatsache ist: Es ist wie mit allem im Leben. Das Davor ist am schlimmsten. Mittendrin macht man ja meistens mit. Gilt für Nasenscheidewandoperationen, Flugturbulenzen, Führerscheinprüfung. Du hast ja eh keine Wahl. Und meistens geht es ja irgendwie gut. Sonst könnte ich hier jetzt nicht tippen, während meine Tochter neben mir sanft und beruhigend schnarcht. Und diese Beerdigung hat es in sich: sehr traditionell mit Marsch hinter dem Sarg, Sandschippchen hinterherwerfen und gemeinsamem Lunch. Sehr stilvoll, sehr klassisch, auch etwas unerbittlich. Es ist kalt und der Wind allein treibt einem schon die Tränen ins Gesicht. Ich konzentriere mich auf den Ablauf wie im Job, weil es mir vertraut ist und guttut. Plötzlich steht ein Gast neben mir und sagt: »Schön, Sie mal in natura zu sehen, auch wenn der Anlass so traurig ist.«

Das fühlt sich noch jobmäßiger an, zumindest wenn man seit über zehn Jahren im Fernsehen herumläuft. Schließlich stehe ich vor dem offenen Grab und werfe mein Schippchen Sand hinterher. Der Gedanke, dass ein Mensch in seiner Lieblingsmotorradkluft nun dort unten liegt in einer Holzkiste, die bald die Würmer übernehmen, ist mir immer noch unbegreiflich. Aber es tröstet mich, dass es genau so sein Wunsch war. Die gesamte Beerdigung war durchgeplant. Von ihm. So wollte er es. Alles in seinem Sinn. Mamas Beerdigung habe ich so gemacht, wie ich dachte, dass sie es gerne gehabt hätte. Einen Plan gab es nicht. Eigentlich angenehm für Hinterbliebene, denke ich. Du weißt, du handelst im Interesse des Verstorbenen.

Dann stehe ich vor den Kindern des Toten, die noch mal zehn Jahre älter sind als ich. Uns laufen allen die Tränen. Und plötzlich kann ich nichts sagen. Mir fehlen die Worte! Mir, dem frisch gebackenen Trauerprofi, Beerdigungsplaner, Nachlasssortierer. Das kann doch nicht wahr sein. Habe ich mich nicht über die pietätlosen Menschen geärgert? Und jetzt bleibt mir alles im Hals stecken. Ich nehme alle in die Arme und sage das verdammt blöde »Es tut mir so leid.« Mit dem einzigen Unterschied, dass ich es bin, die es sagt, wie nur ich es tue. Und es ist nicht ganz so blöd. Hoffe Ich. Spontan muss ich an meine Tante Ingrid denken. Sie spricht drei Sprachen und drückt sich fabelhaft und äußerst stilvoll aus und trotzdem sagte sie am Telefon: »Das ist alles eine ganz große Scheiße mit dem Krebs!« Diese Worte taten mir damals gut. Sie tun mir jetzt noch gut. Vielleicht auch durch die Art, wie sie es sagte. Es war das einzig Richtige. Und vielleicht gibt es einfach kein Patentrezept. Es gibt nur die Wahrheit. Ich hoffe, das gilt auch für mein dämliches durchschnittliches »Es tut mir leid.« Okay, es gibt noch die Sätze, die nie gehen: »Sie hat es hinter sich.« »Sie wollte eh nicht mehr.« »Du kommst drüber weg.« »Du bist nicht gestorben – das Leben geht weiter.«

Wenn Sie ernsthaft mit diesen Sätzen kommen, gehen Sie besser nach Hause. Danach braucht auch niemand mehr Ihr Antlitz beim Leichenschmaus. Jedenfalls nicht als Trost, eher als Dartscheibe, wenn die ersten Weine schon eine Weile entkorkt sind.

Am schönsten ist für mich, wenn die Menschen ihre Erinnerungen schildern. Feine Erinnerungen, die nach Fliederbäumen, Käsekuchen oder Mamas Haaren duften. Denn mit Menschen, die man liebt, egal ob tot oder lebendig, teilt man Erinnerungen. Und nichts brauchen wir mehr davon als einen ganzen Berg. Oder wie diese meiner Freundin Ulrike, die mich anruft und erzählt: »Neulich wollte ich meine Mutter überreden, die Haare anders zu tragen. Früher hatte sie oft einen Dutt und das sah immer toll aus. Und warum sollte sie das nicht mal wieder tragen? Auch als ältere Dame sieht das doch toll aus. Und weißt du, was sie gesagt hat? ›Das sagt Silvi (Mama) auch immer‹. So als wäre deine Mama noch da.« Ich muss schmunzeln. Meine Mutter ist so lebendig in den Köpfen derer, die sie geliebt haben und das immer noch tun. Und was ist heilsamer für die Seele, die vermisst, als das zu spüren?

Hier also mein Rezept: Wenn Sie zu einer Beerdigung gehen, tun Sie das, was Sie sowieso tun, nämlich an den Verstorbenen denken, den Sie geliebt haben. Und wenn dann keine liebevolle Anekdote für die Hinterbliebenen dabei herauskommt, dann können Sie Ihren Wein auch in einer Eckkneipe trinken gehen und wegbleiben, und wenn es Ihnen aus tiefstem Herzen leidtut, dann sagen Sie das eben auch, aber am besten nicht nur diesen blöden Satz wie ich ... Denn was wir nie vergessen dürfen: Der Zuckerguss des Trosts ist immer die persönliche Erinnerung, von der nur Sie erzählen können.

Mama geht ins Licht

*F*rau Meier legt ein Teelicht auf den Boden und klebt einen Aufkleber daneben.

»Wie fühlen Sie sich?«, fragt sie mich.

»Ich weiß nicht. Etwas leichter vielleicht.«

»Ihre Mutter ist jetzt gegangen.«

So richtig glauben kann ich das nicht. Aber nicht-glauben auch nicht. Eigentlich sollte Frau Meier, spiritueller Name Kshama, Typ Lieblingsleih-Omi Anfang 70, herausfinden, warum ich in einem Zimmer meines Elternhauses so gar nicht schlafen kann. Der Grund war simpel: eine Antenne auf dem Dachboden, seit Jahren funktionslos, die aber seit den 70ern voll unter Strom steht. Ein Geld- und Geistfresser. So spirituell war's also nicht, aber das wussten wir damals noch nicht. Nur Kshama hat sofort erfühlt, dass da etwas vom Dach ausstrahlt. Nun hockt sie auf der Galerie meines Elternhauses und stellt fest: »Ihre Mutter hat es versäumt, ins Licht zu gehen. Ich schicke sie jetzt weg.«

»Wird das unangenehm für sie?« Kurz bin ich beunruhigt. Was, wenn sie nicht gehen will, wenn sie denn tatsächlich noch da sein sollte? Ich schicke doch nicht den Geist meiner Mutter weg. Den hätte ich ja prinzipiell ganz gerne hier. Vorausgesetzt, sie kritisiert mich nicht die ganze Zeit. Wobei ich mir da manchmal nicht ganz sicher bin. Seitdem wir Veränderungen im Haus vornehmen, knallen wieder einzelne Glühbirnen durch. Ein Armband meiner Mutter, das ich mir einverleibt hatte, fiel mir plötzlich wie aus dem Nichts vom Handgelenk, als ich zu meinem Vater sagte: »Ich glaube, es würde ihr gefallen, was wir gemacht haben. Ist schließlich alles stilgetreu geblieben.« Pling! Armband fiel runter wie eine zerklatschte Mücke von der Wand, nicht, weil der Verschluss offen war, sondern weil sich eine Öse wie von Geisterhand gelöst hatte. Und dann fiel ein Bild von der Wand. Keiner hatte es touchiert. Aber der Knall war unüberhörbar.

Frau Meier pustet das Teelicht aus. »Sie ist gern gegangen. Und böse war sie auch nicht. Sie hat nur Angst um Sie und den Rest der Familie.«

»Aha …« Eigentlich bin ich ja gänzlich unspirituell. Aber das Verrückte ist: Je länger sich Kshama Meier durchs Haus arbeitet, desto spirituell fassbarer wird alles. Immer wieder bleibt sie mit ihrem Pendel vor Möbeln stehen, gegen die ich schon als Kind eine Abneigung verspürt habe, und sagt: »Das muss entstört werden.« Dann klebt sie einen Zettel darauf. »Entstört« wird auch eine amerikanische Kommode aus erster Ehe meiner Mutter. Ein dunkles schweres Holzgebilde, das förmlich schreit: Ich bin alt, Vollholz und jemandem viel Geld wert gewesen. Ein Möbelstück, bei dem man sich kaum traut, etwas darauf abzulegen, dass nach Untersetzern verlangt und dass nur mit giftiger Luxusmöbelpolitur berührt werden möchte. Erst neulich habe ich wieder gelesen, wie krebserregend Möbelpolitur sein soll. Meine Mutter muss sie jahrelang inhaliert haben. Als Erwachsene erinnere ich diesen Geruch als positiv, das »Pffffft«, wenn der weiße Schaum auf die altenglischen Tische im Wohnzimmer gesprüht wurde und sie mit einem extra Lappen darüberrieb. In meiner Generation haben die meisten IKEA in Kombination mit dem einen oder anderen Teil von Habitat, IMPRESSIONEN oder Flamant – wenn überhaupt. Antiquitäten oder Bilder für 5000 Euro kauft niemand. »Dieses Möbelstück hier«, wir stehen vor dem alten »Eulenschrank«, vor dem ich als Kind immer solche Angst hatte, dass meine Mutter ein Tuch über »die Augen« hängen musste, die keine waren, »hat zu viel gesehen. Es zieht mich regelrecht runter«, sagt meine Lichtbegleiterin, während sie entstört und entstört.

Ist Mama jetzt weg? Geht es ihr besser? Geht es mir besser? Meine Tochter kommt ins Haus gelaufen und freut sich, dass jemand unten eine »Schnitzeljagd« im Garten mit ihr macht. »Ich habe schon alle Steine und Aufkleber gefunden! Aber wohin das führen soll, verstehe ich nicht, Mama.« Und mir wird schlagartig klar, dass viele von Kshamas Markierungen nun für die Katz sind. Doch die lächelt nur. »Nicht schlimm. Die schlechten Energien sind ohnehin gelöscht.« Als wir ins Schlafzimmer kommen, schlägt das Pendel wie verrückt aus. Eine Wasserader. »Es könnte der Grund sein, warum Ihre Mutter immer wieder Krebs bekommen hat.« Diese Aussage trifft mich wie ein Schlag, zumal meine Eltern wussten, dass sie auf einer Wasserader geschlafen haben. Ernst genommen haben sie den »spirituellen Kram« nie. Mein Vater ist Schulmediziner. Punkt. »Wussten Sie, dass vor dem Bau von Atomkraftwerken extra Wünschelrutengänger bestellt werden, um Wasseradern auszuschließen? Von der Wirtschaft und der Politik?«, fragt mich Kshama, die meinen Unglauben wohl in den Augen sehen kann. Oder sagen wir: Sie sieht vielleicht, wie meine kindliche Prägung mit dem offenen Wesen meines Erwachsenen-Ichs im Clinch liegt.

Als sie gegangen ist, laufe ich die Möbel ab. Und tatsächlich: Fast an jedem Möbel, bei dem ich schon immer irgendwie ein Gefühl des Unwohlseins empfunden habe, prangt ein klitzekleiner Aufkleber. Und auch wenn ich nicht wirklich an solche Dinge glaube – ich fühle mich erleichtert.

»Ihre Mutter ist jetzt gegangen, aber sie kann wiederkommen. Nur anders«, hat Frau Meier zum Abschied gesagt. Und ich denke: Wo auch immer du jetzt bist, Mama, ich hoffe, du bist nicht ganz weg. Und gegen entstörte Möbel wirst du ja wohl nichts haben. Oder? Mama?

Weihnachten – ohne Mama

$\mathcal{H}$eute schmücken wir den Baum mit Karlotta und Arlo. Und der Bio-Truthahn muss noch abgeholt werden. Erinnerst du deinen Vater noch mal?« Mama wirbelt durch die Küche. Sie schreibt Einkaufslisten, denn am zweiten Weihnachtsfeiertag gibt es fast immer englischen Trifle und für meinen Bruder seinen geliebten Cheesecake. Dafür muss alles im Haus sein. Am 24. mag Mama es dafür unkompliziert, oft essen wir Raclette, denn am Tag darauf steht sie jedes Jahr um 5.00 Uhr auf, um den Truthahn zu brutzeln, dessen Duft immer schon die ganze Eingangshalle erfüllt, wenn ich meine alte Kinderzimmertür öffne. Noch im Nachthemd. Wieder Kind sein.

»Riechst du das Karlotta?«

»Ja, Omis Truthahn.«

»Das ist Weihnachten. Gegessen wird um 14.00 Uhr mit Hanne und Siegfried.« Unsere Lieblingsnachbarn gehören zum Truthahnmittag wie der Rotkohl und der Kartoffelbrei.

Das Haus ist offen für jeden, überall läuft Musik, Mama schenkt amerikanischen Egg Knock aus, einen Punsch, der jeden fahruntauglich macht, der sich an ein Glas traut, und so sind immer Gäste da. (»Ist noch etwas von dem wunderbaren Egg Knock da…?«) Mama schmückt alles nebeneinander: erzgebirgische Pyramiden neben amerikanischen Weihnachtssternen im Stars-and-Stripes-Look, oben am Weihnachtsbaum wie immer echte Kerzen, unten elektrische, der Enkel wegen, Lametta-Bastelleinen aus meiner Kindergartenzeit, Kugeln in allen Farben des Regenbogens. Ein ganz eigener Stil. An Weihnachten sitzen dann immer alle im Wohnzimmer zwischen Tannenbaum, Kamin und Flügel und packen zu Oscar Peterson Geschenke aus. Und nach Jubelschreien und Umarmungen wird es schnell still. Alle vertieft. Die Kleinsten spielen, mein Bruder und ich fotografieren unseren seligen Nachwuchs und balancieren dabei Weingläser und Marzipan zum Mund, während der Rest meist liest. Papa bekommt immer Cowboy- und Naturschutzbücher, die er gleich verschlingt. Und wenn Mama nicht das Gleiche tut, sich mit ihm wegen der Musik streitet (Jazz gegen Lübecker Knabenkantorei) oder mit Karlotta und Arlo spielt, liegt sie auf einem der Sofas, die Beine hoch, ein Glas Rotwein neben sich und freut sich an uns. »Cheers! Merry Christmas!«

2015 schleppe ich noch einen Weihnachtsbaum, Deko und Geschenke von Krankenhaus zu Krankenhaus. Wir sitzen mit Sorgenfalten und Munchportrait-ähnlichen-Angstgesichtern an ihrem Bett, vormittags, nachmittags und abends, essen zwischendurch unser Weihnachtsessen, das wir bestellt haben und das mein Mann grandios verfeinert hat, aber wir nehmen es kaum wahr. Mama löst sich auf.

2016 ist Mama fort. Als mein Bruder aus New York einfliegt und wir aus Dresden von meinen letzten Fernseh-Jobs kommen, sind die Weiden hinterm Haus grün. Weihnachten ohne Schnee. Weihnachten ohne Mama – wie soll das werden? Wir sind doch mittendrin im Leben. Wie kann sie denn nicht dabei sein?

»Der Tod ist groß.
Wir sind die Seinen
lachenden Munds.
Wenn wir mitten im Leben meinen,
wagt er zu weinen
mitten in uns.«
Rilke in der Traueranzeige triffts.

»Na, kleine Schwester?« Mein Bruder holt mit mir die Weihnachtsbaum-Deko aus dem Keller. Wir schmücken und unterhalten uns. Der Baum sieht aus wie immer. »Ich vermisse Mutti«, sagt mein Bruder, während wir unser Werk begutachten. »Ich auch.« Doch eins ist anders: Wir müssen uns keine Sorgen machen. Letztes Jahr hat er mich gequält, der Gedanke, dass sie nachts allein im Krankenhaus liegt, voller Ängste, mit Schmerzen und schwindendem Lebenswillen. Dieses Jahr ist sie nicht mehr da und ich zermartere mir nicht mehr den Kopf, was ich noch tun kann. Denn ich kann nichts mehr tun. Außer vielleicht: »Aber wir können den Kindern ein zauberhaftes Weihnachten bereiten. Wie Mama.« Und mit jedem Baumschmuck, den wir an die Tannenzweige hängen, mit jedem gedeckten Tisch mit Mamas üblicher Sternchen-Deko und dem guten englischen Geschirr, das nur Weihnachten seinen Weg auf den Esszimmertisch findet, mit jedem Soul-Weihnachtssong, den mein Bruder in seiner Playlist anklickt, fühlen wir uns ihr näher. Es ist, als hätte sie alles vorbereitet. Alles ist an seinem Platz, jeder Griff sitzt. Wir tanzen sogar an Weihnachten. Wie jedes Jahr. Die Kinder rocken voran zu den Jackson Five und James Brown. Ich sehe Mama mit den Fingern im Rhythmus schnipsen. »Yeah!«, hätte sie gerufen. Mein Mann stellt sich in die Küche und macht den besten Kartoffelsalat aller Zeiten, dazu essen wir Würstchen. Neue Traditionen. Am 25. gehen wir essen und lassen uns bekochen. Keiner steht um 5.00 Uhr auf. Es duftet nicht nach Truthahn. Nur vor meiner inneren Nase beschwöre ich den Duft kurz herauf, schlucke eine Träne herunter und flüstere: »Mama, heute machen wir's anders. Aber ich werd's nie vergessen. Nie.« Ein Gefühl wie Astrid-Lindgren-lesen und sich wie Madita-und-Pims-fühlen. Eingehüllt. Herzerwärmt. Beschützt. Als könnte man ewig im Nachthemd unter dem Baum mit dem neuen Playmobil spielen. Ewig Kind sein. Unsterblich. Als wäre es unmöglich, jemals aus dem Nest zu fallen. Nur dass die Realität einen irgendwann dann doch rauswirft. Eines Tages wachst du auf und bist erwachsen.

Abends lese ich Karlotta und Arlo *Harry Potter* vor: »Eine Liebe, die so mächtig ist wie die deiner Mutter zu dir, hinterlässt einen Stempel (…). So tief geliebt worden zu sein, selbst wenn der Mensch, der uns geliebt hat, nicht mehr da ist, wird er uns immer ein wenig schützen.«

»Das ist doch wie bei uns mit Omi«, stellt Karlotta fest. »Sie ist schon die ganze Zeit bei uns und sie passt auf uns auf.«

»Ja. Wie kommst du darauf?«

»Weil sie das ganze Weihnachtsfest über irgendwie dabei ist. Findest du nicht?«

»Doch«, sage ich. Und liebe mein Kind mal wieder so sehr, dass es wehtut. Unverwechselbar meine Tochter. Und dann erwärmt plötzlich unsere Gute-Nacht-Lektüre mein Herz und beruhigt mich zugleich, als ich lese: »Für den gut vorbereiteten Geist ist der Tod nur das nächste Abenteuer.«

Im Wohnzimmer singt James Brown »Let's make this Christmas mean something this year.«

Das iPhone – dein Feind und Heiler

Mama steht lächelnd neben Karlotta auf der Seebrücke am Grand Hotel in Heiligendamm. Ein Tag im April 2014. Sie winken. Wie zum Abschied. Mama trinkt mit Karlotta Sylter Friesentee, sitzt mit ihr zwischen Playmobilfiguren. Steht vor einem Bild mit Campbell Black-Bean-Suppendosen im MOMA in New York. Mama steht tapfer zwischen meinem Mann und mir vor dem Rathaus am 17. September 2015, unserem Hochzeitstag. Mama sitzt neben ihrem Enkel Arlo bei unserem Lieblingsitaliener – zart, geschrumpft und angestrengt. Lange ist sie nicht mehr da. Doch keiner weiß es zu diesem Zeitpunkt.

Ich sitze vor meinem Telefon am Münchner Flughafen. Fassungslos. Das Display zeigt mir eine Diashow. Untermalt mit Musik. »Verträumt« ist das musikalische Thema. Gesichtserkennung in der Foto-App. Das Telefon, das meine Mutter so oft verflucht hat (»Kannst du das Ding auch mal weglegen, wenn ich mit dir rede? Ständig starrst du auf dein Display! Das ist furchtbar!«), hat eine Mama-Show zusammengestellt. Ich habe mich vertippt und nun kann ich immer wieder auf Play drücken und mir Mama ansehen. Ein Fluch? Ein Segen? Ich tue es, immer wieder und wieder. Ich kann nicht aufhören. Warum bist du nicht mehr hier, Mama? Warum bist du so früh gegangen?

Ich erinnere mich daran, wie ich als Kind meiner Mutter Vorwürfe machte, mich so spät bekommen zu haben. Erst mit 40. Heute vollkommen normal. Ich war 1985 deswegen sauer. Die anderen Mütter waren alle zehn Jahre jünger! »Das macht mich traurig«, war Mamas Antwort. Und: »Warum stört es dich denn so, dass du eine ältere Mutter hast?«

»Weil ich dann früher allein bin, du stirbst doch auch früher!« Und anstatt mir zu erklären, dass es nicht unbedingt eine Altersfrage ist, wann ein Kind seine Mutter verliert, war meine Mutter nur traurig und zog sich zurück. Vielleicht weil sie meine Schwester an den plötzlichen Kindstod verloren hatte? Weil sie so gekränkt war? Ich weiß es nicht, ich hätte meine Tochter ganz anders beruhigt, mit ihr gesprochen. Mama konnte das nicht. Die Angst saß mir im Genick, lange, Kinderlogik halt. Ich sollte in meinem Freundeskreis der Mitte-30-Jährigen die Erste sein, die ihre Mutter verliert. 2016 stehe ich mit 35 Jahren an Mamas Sarg. Jetzt lächelt sie mir vom Display aus ins Gesicht. Mamas braune Augen. Die wärmsten Augen der Welt. Ich kenne nur eine Person, die so viel Liebe in den Augen mit sich herumträgt: mein Bruder. (Oder mein Mann, aber der zählt in dem Fall nicht.) Von Bild zu Bild wird Mama zerbrechlicher. Immer trägt sie ein Tuch oder ihre goldene Kette. Ihre Cartier-Uhr. Elegant stützt sie den Arm auf. Gedankenverloren kramt sie nach den Playmobilfiguren. Mit einer Engelsgeduld spielt sie mit Karlotta Geschichtenwelten. Spielt alle Persönlichkeiten, die ihre kleine Enkelin sich wünscht. Auf den Fotos am Strand von Gut Weißenhaus sieht der Himmel aus, als würde gleich ein Tsunami losbrechen, und das tat er auch. Aber erst vier Monate später. Wusste Mama da schon, dass sie bald gehen würde? Die Musik ist sanft, Geigenklänge zoomen Mama näher. Das letzte Bild ist durch. Vorbei. Niemals wieder. Warum habe ich sie nicht öfter fotografiert? Warum fotografiert man immer nur seine Kinder? Mamas weiche Haut, der Wind in ihrem dicken Haar, ihre weißen Zähne, ihre damenhafte Haltung, ihre Nahbarkeit. Ich verfluche mein iPhone und ich liebe es. Ich kann Mama zu mir einladen, wann immer ich will. Dann fällt mir etwas ein: meine Videos! Hektisch scrolle ich nach oben.

»Kannst du mir auch einen Kuchen mit Blaubeeren backen? Ach, jetzt gibt es Eierkuchen? Das finde ich herrlich!« Mama steht lachend in der Küche hinter Karlotta, die auf dem iPad in einer

Kinder-App Kuchen backt, während ihre Omi im realen Leben einen Teig für ihren Sour Cream Coffee Cake anrührt. Es ist der 29. Mai 2014. 16 Sekunden ist das Video nur lang. 16 Sekunden Mama sind mir geblieben. Es tut so weh – und es ist so schön. Danke, du beklopptes Apfel-Telefon.

Mama winkt mir zum 20. Mal aus Heiligendamm von meinem feuchten Display entgegen. Von einem Mama-Tochter-Enkelin-Wochenendtrip. Ich klatsche gedanklich die Traurigkeit an die Wand wie einen nassen Lappen. Ich will mich freuen über das, was war. 2014 gucken wir Elsa und Anna rauf und runter. *Die Eiskönigin* ist der Renner im Kindergarten. Und was ist die Lösung für Elsas eisiges Problem? »Liebe, Mama, Liebe. Damit taut sie alles wieder auf und dann beginnt ihr Leben wieder neu!« Karlotta hat's begriffen.

Fast zärtlich winke ich Mama mit den Augen zurück, nehme mir vor, sie bald wieder »telefonisch« zu besuchen, wische die letzte Träne weg und umarme uns alle drei innerlich, bevor ich zur anderen App switche, um mein Ticket zu scannen. »Ihre Bordkarte, bitte. Einen angenehmen Flug.«

Ein kleiner Affe von Omi

Mama, warst du mal ein Affe?«
»Nein, mein Schatz.«
»Und die Omi?«
»Nein, die auch nicht. Wie kommst du denn darauf?«
»Weil der Mensch doch vom Affen abstammt.« Recht hat sie.
»Nur dass das schon etwas länger her ist – von uns ist keiner ein
Affe gewesen.« Aber vielleicht werden wir auch wieder Affen, den-
ke ich. Zumindest leben wir in einer Welt mit viel Affentheater,
wenn ich mir so meine Mitmenschen angucke. Prinzipiell hätte
ich ja gerne noch einen kleinen Affen.

»Solange ich so krank bin, wirst du bestimmt nicht schwanger ...«
Meine Mutter legt traurig ihre neuerdings zarte kleine Hand auf
meine. Früher hatte sie kräftige Finger, immer leicht gebräunt,
mit dicken goldenen und silbernen Ringen. Jetzt sind ihre Hände klein, die Nägel fest, da sie nicht mehr in der Küche hantiert.
Von ihren neuen bruchfesten Nägeln ist sie fast begeistert. »Keine
Hausfrauenhände mehr«, sagt sie stolz und ringt sich ein Lächeln
ab. Ich sitze an ihrem Bett in Krankenhaus Nummer drei und fei-
le ihre Nägel. Danach zupfen wir Augenbrauen. Nur die Haut verzeiht es ihr nicht mehr. Mit geröteten Lidern sitzt sie da und fast
bereue ich, gezupft zu haben. Es soll Tage dauern, bis der ange-
schlagene Chemo-Körper mir die Pinzetten-Rupfaktion verzeiht.

»Solange du zwischen Dresden und Lübeck hin- und herrast
und dir um mich Sorgen machst, wirst du nicht schwanger wer-

den.« Es klingt, als würde sie überlegen, was sinnvoller wäre: noch länger leben und mir die Sorgen und die Hetzerei zumuten oder sich davonmachen und mich ein zweites Baby bekommen lassen. Gedanken, die nur eine Mutter haben kann. Es ist kurz vor Weihnachten und mein Weihnachtsbäumchen in der Ecke mit Kunstschnee und Lichterkette leuchtet uns einen Hauch Wärme ins weiße Klinik-Einzelzimmer. Jeden Tag bringe ich etwas mit. Modezeitschriften, Schokolade, ein Stoffschwein, damit sie »Schwein hat«, Fotos, Bilder von ihrer Enkelin. Vermutlich mehr für mich als für sie. Sie freut sich ein, zwei Sekunden, das ist es wert. Ich bin schon Dauerkunde in den verschiedensten Deko-Läden. Dabei bin ich, was so etwas angeht, eher spartanisch. Nicht zu viele Staubfänger, bitte. Aber dekorieren Sie mal ein kaltes Krankenhaus, wo der Tod, das Leid und frustrierte Krankenschwestern, die um die Gunst des Chefarztes buhlen und sich am liebsten täglich gegenseitig ins Gesäß treten würden, zu Hause sind. Das ist Arbeit. Da kann man gar nicht genug Lichterketten anschleppen. Tatsächlich »üben« mein Mann und ich inzwischen seit über einem halben Jahr – was eigentlich noch gar nichts ist. Aber für eine erfolgsverwöhnte und beim letzten Mal sofort schwangere, ungeduldige Frau wie mich ist es eine Herausforderung. Täglich gucke ich in meine bekloppte Schwangerschafts-App und kontrolliere. Mein Mann muss turnen, wenn die App Aussicht auf Erfolg verspricht. Das grenzt schon fast mehr ans Work-out als an Spaß. Der arme Kerl. Aber ich habe das Gefühl, als Ein-Kind-Familie nicht dauerhaft glücklich sein zu können. Er zum Glück auch nicht. Und trotz aller Mühen kommt jeden Monat irgendwann das untrügerische Zeichen, dass es wieder nicht geklappt hat. Fast fürchte ich schon, mit 34 zu alt zu sein, risikoschwanger wäre ich ohnehin, meine Schilddrüse versorgt meinen Körper auch eher wie ein DDR-Fahrstuhl seine Insassen befördert. Schon denke ich an künstliche Befruchtung und wie viel ich dafür wohl von meinen Ersparnissen opfern müsste. Dabei opfere ich womöglich bald den Mann meines Lebens, wenn ich uns weiterhin so nerve.

»Ich würde es dir so wünschen«, sagt meine Mutter müde.

»Ich mir und uns auch.«
Die Nägel sind fertig. Mit Kraft greifen kann Mama nicht mehr.
Als Affe hätte sie keine Chance.

Einen Monat später ist Mama tot. Nicht mehr da. Nur die Liebe, die Affenliebe, ist geblieben. Mama selbst ist nicht mehr. Keine Nägel mehr zum Feilen. Keine Hand mehr auf meiner. Dafür
Tränen. Mal laut, mal tonlos. Mitunter kontinuierlich wie nord-
deutscher Nieselregen.

Einen Monat nach ihrer Beerdigung komme ich aus dem Bad
unserer Dresdener Wohnung und falle meinem Mann in die Arme. »Wir kriegen einen kleinen Affen!« Die erste Chance nach Mamas Tod ist ein Volltreffer, es hat sofort geklappt. Vielleicht hatte
sie recht: sorgen musste ich mich nicht mehr, hin- und herpendeln
über tausende von Kilometern auch nicht. Ich bin tieftraurig, aber
der Stress ist weg. Denn ich kann nichts mehr tun, sie ist gegangen.
Kein Recherchieren mehr nach alternativen Möglichkeiten, The-
rapien, Krankenhäusern. Kein Suchen. Kein Wühlen mehr. Leere,
aber fast friedliche. Das Getriebe der Welt dreht sich in Slow Motion. Wie Schnee, der langsam und leise eine Decke ausbreitet über
dem, was darunterliegt. Klar und kalt. Weiß und weich. Sich gegenseitig stützen ist alles, was geht. Dieses neue Leben – mutterlos – ist
gerade stiller. Und plötzlich bricht ein Lichtstrahl durch. Und es
wird, welch Zufall: eine kleine Äffin. Oder wie meine Hamburger
Freundin Britta gleich feststellt: »Die hat deine Mama geschickt.
Ganz sicher.«
Danke. Mama.

Besuch bei Mama

Der Ostseewind kräuselt das Wasser. Ich stehe am Steilufer in Brodau. Ein kühler Frühlingstag. Hier liegt Mama. Oder zumindest wurde hier ein verrottungsfähiges Gefäß mit ihrer Asche im Waldboden versenkt. Meine Mutter war eine moderne Frau. Immer am Puls der Zeit. Das hieß in den 60ern konsequent Lidstrich zur Turmfrisur, in den 70ern Schlag am Jeansbein und immer etwas Koks aus den USA dabei (das mein Vater zu ihrem Unverständnis völlig panisch noch am Flughafen in die Toilette beförderte), in den 80ern konsequent Schulterpolster, in den 90ern calvinkleinhanseatischschlicht – und 2016 sich nicht in eine Kiste nageln lassen. Mama ist nicht der Typ fürs klassische Grab, auch wenn sie immer klassisch aussah. Eigentlich war sie ja wild. Zumindest all die Jahre vor mir. Sich auf Ölpapier betten und die Hände falten lassen – nein, danke, nächstes Mal vielleicht. Mama wollte nach Brodau. Zwischen hundert Jahre alte Buchen und Eichen. 25 Meter hoch. Rauschend in milder Seeluft. An einer alten Eiche hängt nun ein kleines Plastikschild. »Silvia Funck« steht da drauf. 99 Jahre ist sie hier sicher – eingestampft wird hier nichts. Aber einzustampfen gibt es auch nichts mehr. Mamas Asche ist längst fort. Irgendwo im Boden. Vielleicht auch ein Teil des Meeres. Ich denke an ihre dicken dunkelbraunen Haare. Ihre braunen Augen. Ihren Handrücken, der immer so weich war. Das alles gibt es nicht mehr. Fort. Tränen steigen mir in die Augen. Ich wollte an ihrem Baum Zwiegespräch halten, aber es geht nicht. Mama ist nicht dort. Ich fühle sie dort nicht. Nie waren wir in

Brodau zusammen. Nie in diesem Ruheforst. Kein Sonnenstrahl fällt durchs Blätterwerk wie ein kitschiges Zeichen von oben. Es ist nur ein Wald mit einem Baum und einer Plakette. Mein Bruder fotografiert die Bucht, um sich in New York erinnern zu können, während Sarah und Arlo mit meinem Vater weiter am Steilufer entlanggehen. Das Wetter ist für norddeutsche Verhältnisse freundlich. Ich fühle nichts.

Tut mir leid, Mama, aber für mich bist du hier nicht. Mein Vater philosophiert darüber, wie schön es hier doch ist und dass er Mama ja dann bald Gesellschaft leisten kann, wenn er dran ist. Es ist ein wunderbarer Ort, keine Frage, und dass sie ihn sich selbst ausgesucht hat, fühlt sich beruhigend an. Aber: Warum ist sie hier nicht präsent? Ich fasse die Rinde einer Buche an. Lasse Sand durch die Finger rieseln. Folge dem Weg am Steilufer. Nichts. Wo bist du, Mama? Ich denke an unsere erste Reise nach Amerika. An meine Freude, dass es ein *Mickey-Maus*-Heft für mich kleinen Fluggast gibt, meine Enttäuschung, dass man das Fliegen nur bei Start und Landung merkt (wir hatten einfach einen sehr angenehmen turbolenzfreien Flug), und wie Mama mir mein erstes Sandwich nach der Landung streicht. Ich bin neun Jahre alt und habe noch nie so weiches Toastbrot gesehen wie bei Opa Hess, den wir besuchen. Es ist so weich, dass die Werbung verspricht, man könne seinen Daumen hineindrücken und der Abdruck würde sich nicht mehr zurückbilden. Heute würde man das eher als Argument gegen den Kauf interpretieren, aber es ist 1989, die Welt noch in Ordnung. Das Telefon hat eine Wählscheibe, Cornflakes aus Plastik isst man mit Kuhmilch aus Plastik und Twix heißt noch Raider. Zurück zum Sandwich: Auf das »Brot« kommt Majonäse, ein Salatblatt, Pute, Käse, zuklappen. Dazu trinke ich Kakao (igitt). Ich bin im kulinarischen Himmel. Als ich nach dem Lunch im Garten über eine Baumwurzel stolpere, tröstet Mama mich. Ich spüre ihre Wange an meiner. Überall sind Eichhörnchen und Kastanien. Indian Summer in Philadelphia. Mama riecht nach Mama und Nina Ricci. Zeitmaschine: Mama wird älter. Sie sitzt in der Küche und isst Camembert auf Baguette. Legt Patiencen auf

Sylt im Strandkorb. Bepflanzt den Garten, harkt das Laub vom Eichenknick. Tanzt zu Billy Holiday. Riecht nach Eau Ressourcante. Trägt nur Turnschuhe statt der schönen Unnützer. Findet Iris Berben und Senta Berger gut. Richtet mit mir eine Studentenbude ein, nachdem wir uns Unis in ganz Deutschland angeguckt haben. Ist zehn Jahre jünger, sobald mein Bruder nach Hause kommt und in seinem alten Kinderzimmer wohnt. Ärgert sich mit ihm, als er eine Tour mit Lenny Kravitz absagen muss. Backt ihm Käsekuchen. Feiert mit mir Abi, Examen, den Einstieg in die Fernsehwelt, meine erste Hochzeit. Steht im November 2009 für mich auf, um dem Baby die Flasche zu geben, damit ich einmal durchschlafen kann. Das ist Mama. Dann immer wieder der Krebs. Dennoch kratzt Mama das Unkraut aus den Ritzen des Wegs vom Carport bis zum Hauseingang. Unter Schmerzen. Dennoch fährt sie nach Hamburg und shoppt für ihr Enkelkind. Lächelt tapfer. Der Krebs ist wieder da. Und wieder. Und wieder. Noch mal ausgetrickst. Nein, jetzt sitzt er im Knochen. Der Rücken bröckelt.

Der Waldboden raschelt unter meinen Füßen.

»Gefällt es dir, Anna?« Mein Vater ist glücklich, dass wir alle zusammen hier sind.

»Ja. Es ist ein wunderschönes Fleckchen Erde.«

Nur Mama fühle ich hier nicht, denke ich, aber sage es nicht. Warum es so ist, weiß ich nicht. Jeder unserer kleinen Trauer-Wandergruppe scheint etwas anderes zu denken und es ist okay so. Ich denke an Karlotta, die gerade bei ihrem Vater und deshalb nicht mit ist. An einen Moment ein paar Tage zuvor: »Mama, meine Seele hat dich als Mama für mich ausgesucht. Hast du dir auch Omi ausgesucht?«

»Wie kommst du denn darauf?«

»Hat mir Tante Julia gesagt.«

»Ach so … Ja, da hat sie recht.«

»Ich vermisse sie so. Wenn ich gewusst hätte, dass sie stirbt, hätte ich im Krankenhaus geschlafen.«

»Das hätte aber leider auch nichts geändert, mein Hase. Mir fehlt sie auch sehr.«

Karlotta fängt an zu weinen. Eng umschlungen sitzen wir auf dem Fußboden, Karlottas Wange an meiner, als plötzlich die Lichterkette über der Fenstertür neben uns angeht. Schlagartig wird es hell im Raum. Wir befinden uns in Mamas altem Schlafzimmer, das wir inzwischen umgebaut haben. Ungläubig gucken wir uns an. Die Lichterkette geht wieder aus. Und wieder an. »Omi«, flüstert Karlotta.

Tatsächlich ist Mama mehr in unserem Haus, meinem Elternhaus, ihrem Lebenswerk, als in Brodau. Ich spüre sie in ihrer Welt. In jedem Stoff, den sie ausgewählt hat, jedem Kissen, jedem Bild, jedem Möbelstück. In ihrer Musik. Ihren Lieblingsspeisen. Ihren Vorlieben. Durch ihren Kaschmirschal. In Brodau mag etwas Asche in einer biologisch abbaubaren Urne gewesen sein. Meine Mutter aber ist bei mir. Ich kann sie mir umlegen, sie tragen wie ihre goldene Rolex. Den letzten Spritzer aus Eau Ressourcante versprühen. Kann Billy Holiday hören. Ein kneteähnliches Sandwich essen. Oder ihr Hühnchen in Wehrmut kochen.

Der Ostseewind drückt die Autotür zu, als wollte das Steilufer mich loswerden. Der Range Rover wackelt über holprige Wege nach Hause. Tschüs, Brodau, ich fahre jetzt zu Mama. Dort, wo sie wirklich ist. Und eins verspreche ich dir: Ich werde die Trauer nur im gesunden Abstand zu Besuch kommen lassen. Ansonsten mache ich mir eine verdammt gute Zeit bis wir uns wiedersehen. Die beste auf Erden.

Jahrestag

ährend der Explosion stehen wir alle auf der gegenüberliegenden Straßenseite vor meinem Elternhaus. Mein Mann, seine Eltern, der »kleine Affe« im Kinderwagen und ich. Das Trafohaus raucht, das Dach hängt leicht schief, eine Qualmwand mit scharfen Konturen zieht in den Himmel. Die Druckwelle hat den Kinderwagen leicht gerüttelt, aber Baby Theresa schläft weiter, als wäre nichts passiert. Wir sehen uns ungläubig an. Es ist Mamas Jahrestag. Der 23. Januar 2017. Ein Jahr ist sie nun nicht mehr bei uns. Nicht mehr hier. Tot. Ein bisschen habe ich mich vor dem Tag gefürchtet. »Dir wird es an dem Tag schlecht gehen, vielleicht schon die Woche davor«, warnte mich Britta, die ja schon leidvolle Trauererfahrung hat. Genau wie mein Freund Rainer, der seine Mutter überraschend verloren hat: »Das ist ein schwerer Tag.« Ich rechne mit körperlichen Symptomen, mit über mich hereinbrechender Trauer, Heulattacken, eigentlich allem, was die Klaviatur des Verlusts so hergibt. Bisher ist nichts davon der Fall, was ich mir in meinem mich ständig selbst analysierenden Köpfchen so erkläre: Zum einen hält mich ein kleiner Zwerg in Schach und zum anderen ist Mama nicht so überraschend aus dem Leben gerissen worden wie bei meinen Freunden. Aber sind das Dinge, die den Schmerz tatsächlich dämpfen? Vielleicht bin ich einfach weiter auf meinem Weg der Trauer.

Das Trafohaus ist mindestens 80 Jahre alt und ich kann mich in 36 Jahren nicht daran erinnern, dass es jemals einen technischen

Defekt gegeben hätte. Merkwürdig, dass es ausgerechnet heute in die Luft fliegt. Und doch denke ich mir nichts dabei. Erst später, als Theresa ihr Fläschchen einfordert und ich feststelle: Es geht ja nichts mehr. Keine Lampe, kein Herd, kein Wasserkocher. Nichts. Und es ist ein trüber Januartag. Panik! Wie soll ich ohne Strom unser Baby versorgen? Mein Schwiegervater lacht, als er sieht, dass ich erst auf den Lichtschalter eintrommele, dann verstehe, aber dennoch den Herd per Touchscreen aktivieren will, was ja logischerweise auch nicht geht, um dann den Wasserkocher zu betätigen. »Anna, das geht alles nicht. Wir haben keinen Strom mehr. Das ganze Dorf vermutlich nicht.« Immerhin bleibt meine Schwiegermutter entspannt, und so sitzen wir fünf Minuten später vor einem kleinen Teelichtermeer und kochen Wasser über den kleinen Flammen. Und tatsächlich, es funktioniert. Nach fünfzehn Minuten Kochzeit. Theresa nuckelt zufrieden und während ich sie lächelnd anschaue, höre ich mich sagen: »Ohne Elektrizität ist es schon schwer. Schließlich heißt das nicht nur, dass die Lampen ausfallen.« Elektrizität! Glühbirnen! Mama! Es rattert. Und plötzlich hat das Baby eine Träne auf der gut gepolsterten Wange. Auch darüber wundere ich mich, bis ich merke: Es sind meine. Ich weine.

»Warum weinst du jetzt? Hattest du schon Angst, wir können Theresa nicht versorgen? Sonst wären wir halt in den nächsten Ort in die Apotheke gefahren, Anna«, will mich meine Schwiegermutter beruhigen.

»Nein, das ist es nicht«, stammele ich. »Es geht schon wieder.«

Mein Mann kommt rein: »Die Störungsstelle bastelt schon. Mensch, deine Mama hat's aber mal knallen lassen, was?«

Nur zwei Stunden später macht es »Ffffffffrrrrt« und alle Lampen gehen an, der Herd piept, der Wasserkocher zischt und kocht seine trockene Bodenplatte braun. Mama. Warst du das? Und wenn ja, warum?

»Man könnte denken, dass sie sauer ist. Gleich die ganze Elektrizität im Dorf durchknallen lassen? Im Winter mit Baby. So richtig nett ist das ja nicht«, sage ich abends zu meinem Mann.

»Na ja, sie hat ein kleines Feuerwerk veranstaltet, ein Zeichen gegeben und dafür gesorgt, dass es nach zwei Stunden schon wieder behoben war. Eigentlich ist es typisch deine Mutter: Keine halben Sachen. Eine Steigerung im Hinblick auf die Glühbirnen, stil- und rücksichtsvoll.«

Ich muss schmunzeln und dann wieder tief einatmen, um nicht doch zu schluchzen. Allerdings nicht in der Intensität, vor der mir graut, nur ein bisschen. Mamas Jahrestag. Des Ende ihres Lebens. Der Anfang eines Lebens ohne sie. Und sie sagt:»Peng! Hier bin ich! Alles paletti!« Eine gute Vorstellung.

»Komm, wir machen einen Chocolate Block (der aktuelle Lieblingswein meines Mannes) auf und trinken ein Glas auf sie.« Mein Mann sagt immer das Richtige. Zum Glück. Für ihn. Und mich. Der Jahrestag ist ja für viele Trauernde ein Meilenstein. Da zählt der Tag des Gehens wie der Tag des ersten Atemzugs. Der Schock, mit dem man auf den Todesfall reagiert hat, kann an diesem Tag wieder ganz präsent sein. Ich habe also mit allem gerechnet: dass mein Hirnstamm und mein Kleinhirn so durcheinanderkommen, dass ich nicht essen und nicht schlafen kann, Kreislaufprobleme habe, Blödsinn rede, eventuell orientierungslos werde, Mama sehe oder von ihr träume (was mir sehr gut gefallen hätte), aggressiv reagiere oder in Slow Motion lebe. Alles normal. Meine Strategie dagegen: Ich gönne mir Verständnis. Und fordere es unter Umständen auch von meiner Familie ein, wenn notwendig. Empfehlen zumindest meine Netz-Psychologen und was ich sonst noch in einer Panikreaktion in Vorbereitung auf das heutige Datum ergoogeln konnte.

»Irgendwie bin ich gut durch den Tag gekommen.«

Mein Mann zwinkert mir zu:»Du hast ja auch ein Zeichen bekommen. Vielleicht war es auch kein bloßer Kurzschluss, sondern ein Salut-Schuss für Theresa.«

Vor uns guckt ein kleines norddeutsch-bayerisches Zwergl mit dicken Haaren aus seiner Babywippe hoch, nimmt die kleinen Finger aus dem Mund und grunzt laut:»Ha!«

Einfach weiterleben

*I*ch sitze in hochgeschnittenen Jeanshorts mit aufgenähten Pink-Panther-Köpfen und weißem T-Shirt an meinem Schreibtisch. Die Haare zu einem Zopf auf dem Kopf geknödelt. Es ist Sommer und selbst in den Abendstunden noch schwül-warm. Die Bankerlampe zeichnet einen grünlichen Kreis auf die Eichenmaserung. Seit gestern weiß ich, dass Mama ein Buch wird. Und ich möchte sie anrufen und ihr sagen: »Mama, ich bin jetzt auch Buchautorin. Nicht mehr nur TV. Auch auf Papier gedruckt und so.«

»Das ist ja toll, Anna. Das muss ich gleich deinem Vater sagen. Tom …? Annas Buch kommt nächstes Jahr raus.«

So wäre es.

»Und was ist dein Fazit? Die Quintessenz?«, höre ich Mama fragen. »Was bietest du dem Leser?«

»Ich habe alles zum Thema Tod und Trauern recherchiert und ausprobiert, was ich finden konnte.«

»Okay. Und womit entlässt du ihn? Was ist die Conclusion?«

Ich sitze in der Praxis von Dr. Stefan Schlickewei. Feinstofflich-denkender Arzt und Bewunderer von Geistheiler Joao de Deus. So mancher Patient – und dazu zählen so einige Menschen aus meinem Freundeskreis, sonst wäre ich heute nicht hier – sagt ihm ebenfalls geistheilerische Fähigkeiten nach. Eigentlich bin ich wegen meiner ewigen Nebenhöhlenentzündungen hier, aber plötzlich nimmt das Gespräch eine Wendung. Für gewöhnlich diktiert

Schlickewei einem, was man zu tun hat. Das tut er auch dieses Mal, aber irgendwie rede ich.

Ich sage: »Meine Mutter ist gestorben.«

Und er sagt: »Hör mir zu, Anna, Du wirst jetzt ganz normal weiterleben.«

Manchmal sind es die einfachen Sätze, die in uns wie ein Echo widerhallen. Weil sie gut sind. Weil sie gut tun. Und weil sie so simpel sind. Punktgenau. Du wirst ganz normal weiterleben. Natürlich in Trauer. In Phasen. Aber du machst weiter. Dieser Satz trägt mich. Ähnlich wie manche Zufälle. Einer ist das Buch, das mir in die Hände fällt. Mama hat mir ständig Bücher geschenkt. Weihnachten. Ostern. Geburtstag. Irgendwo lag immer noch ein Taschenbuch. Ein Bestseller. Weltliteratur. Oder ein Gedichtband, wie diesen. Ich finde ihn in einer Umzugskiste. *Sei klug und halte dich an Wunder.* »Für Anna von Mama – Weihnachten 2013« steht vorne drin.

Und auf der ersten Seite ein »Rezept«:

»Es ist wahr, was sie sagen:

Was kommen muss, kommt.

Geh dem Leid nicht entgegen.

Und ist es da,

Sieh ihm still ins Gesicht.

Es ist vergänglich wie Glück.

(…)

Zerreiß deine Pläne. Sei klug

Und halte dich an Wunder.

Sie sind lang schon verzeichnet

Im großen Plan.

Jag die Ängste fort

Und die Angst vor den Ängsten.«

Mama hat das selbst nicht immer hinbekommen, aber sie hat es sich für ihre Kinder und ihre Enkel gewünscht. Angstfrei. Vertrauen. Auf Wunder. Von wo auch immer sie kommen mögen. Das Leben weiterleben. Die Liebe mitnehmen. Als Schutz wie ein

Mantel. Unerschütterlich an sie glauben. Du wirst jetzt ganz normal weiterleben. Heute, morgen und immerzu. Denn jeder Tag hat das Potenzial, der beste Tag deines weiteren Lebens zu sein.

»Das ist die Conclusion, Mama.«

»Ja, Kind, das klingt richtig gut. Anna, mach das so. Tom, unser Kind kann echt gut schreiben. Ich hätte es zu gern gelesen, mein Schatz.«

Über meinem Kopf geht plötzlich die Lichterkette an. Und wieder aus. Und wieder an.

Bis demnächst, Mama.

Epilog

Fragen Sie mal einen Norddeutschen, was für ihn typisch Sylt ist. Die Antwort: der Wind, die Preise, die Gespritzten (Blondinen – nicht Getränke).

Wenn Sie nämlich durch Kampen schlendern, stellen Sie sofort fest: Frisuren sind zwecklos bei der Brise, Kaschmirtücher gehen erst bei einem Preis von 480 Euro los und gealterte Blondinen sehen alle aus wie Carmen Geiss. Dennoch ist diese Insel ein Traum. Der Traum meiner Kindheit, weil Mama und ich hier etliche Sommer (natürlich fernab von Botox und Schampus (mehr Muschelsuchen und Wellenplanschen) verbracht haben. Nur einer der Gründe, immer wieder zurückzukehren. Und so sitze ich – mitten in der Textarbeit zu diesem Buch und mitten in Karlottas allererstens Schul-Sommerferien – in einem Ferienhaus kurz hinter der Whiskeymeile. Es tut gut, sich durch Mamas Abschied und die ersten überarbeiteten Kapitel hindurchzulesen – und gleichzeitig weh. Aber ich bin sicher, es ist wieder ein Schritt aus dem Schmerz heraus. Oft stellt meine Lektorin Ariane Hug fest, dass ich in meiner Wutphase doch ziemlich aggressiv war oder während des Schuheaussortierens mehr als dünnhäutig. Recht hat sie! Und ich stelle fest: Ich bin jetzt ganz woanders. Wo genau, kann ich nicht sagen. Aber so durchgekaut und wiedergekäut es klingt: Die Zeit heilt. Hat tatsächlich ihren Beitrag geleistet. Neben mir krabbelt ein zehn Monate altes Baby, unsere kleine Theresa Elisa. Wir sind umgezogen. Mein Mann ist jetzt ein bayerischer Chef in der Hanseaten-Hochburg Hamburg, und ich habe ein neues Standbein neben der Fernsehwelt. Der Sommer 2017 meint es gut mit uns: Sonne über Sylt, während wir über die Inselradwege durch die Hagebutten radeln, vorbei an den Reetdachhäusern und den Steinmauern mit den Heckenrosen. Und ich ertappe mich dabei, wie ich dauernd an Mama denke. Es war genau ihrs.

Ich klappere unsere gemeinsamen Stationen mit meiner Familie ab: Rote Grütze bei Leysieffer in Kampen, Friesentee bei Ingwersen in Morsum, Kunst und Klamotten in Keitum, Trampolinspringen in Wenningstedt, gebratenes Rotbarschfilet mit Bratkartoffeln in List bei Gosch. Das Verrückte ist: Nichts ist, wie es war, es ist überall anders. Leysieffer heißt jetzt Odin, hat neue Tische und eine neue Speisekarte, nicht minder gut, aber anders. Ingwersen hat umdekoriert und wirkt ramschig bis ungemütlich, wir spülen den Tee nur runter. In Keitum nörgeln die Kinder so, dass wir nur durchhetzen, die süße kleine Trampolin-Anlage ist jetzt ein halber Vergnügungspark – nur bei Gosch nehmen mich die Köche genauso auf die Schippe wie eh und je:

»Entschuldigung, haben Sie mich vielleicht vergessen? Sie rufen meine Nummer gar nicht aus. Und inzwischen sind wir schon fünf Nummern weiter.«

»Hatten Sie die 51?«

»Äh, ja.«

»Das ist heute die Niete.«

»Warum willst du alles wiederholen, wenn du es ohnehin nicht kannst?«, fragt mein Mann eines Abends auf der Terrasse bei einem importierten Radler-Alsterwasser. Es ist übrigens windstill – auf Sylt!

»Ich kann nicht anders.«

Und dann kommt der Tag, an dem mein Mann eine neue Trampolin-Anlage entdeckt. Klein. Mit Bungee-Seilen. Mitten an der Straße zwischen Kampen und Wenningstedt. Ein Ein-Mann-Betrieb eines Artisten.

»Mama, spring doch auch!«, schlägt Karlotta vor.

Und ich sage: »Nein, das ist für Kinder.«

»Na ja, die coolen Mütter machen's«, grinst mich der Artist an. Und drei Minuten später springe ich, probiere spontan einen Salto, einen doppelten, einen dreifachen, einen vorwärts, einen rückwärts. Ohne Festhalten. Und lasse los. Eine neue Erinnerung. Wir basteln uns neue. Werden neue Stammgäste. Es tut so gut. Und ich verstehe, was mein Mann mir sagen wollte. Mamas und meine Erinnerungen gibt es nur noch in meinem Herzen – und es ist okay.

Die Arbeit am Buch ist fast fertig. Meine Trauer ist Teil meiner Persönlichkeit geworden – und ich kann wirklich immer häufiger aus vollem Herzen lachen. Mama ist immer bei mir. Manchmal erschrecke ich in einem Zufriedenheitsmoment und denke: Oh Gott, Mama ist ja tot. Ich weiß es ja und doch lebt sie in mir so mit, jeden Tag, ganz selbstverständlich.

Als wir die Haustüre öffnen, hören wir es sofort: Bei uns piepst es. Ein Ton, den keiner kennt. Erst im Grünen Zimmer unten, dann im Kinderzimmer oben. »Ich weiß auch nicht, was das ist«, motzt mein Vater. »Geht jetzt schon eine ganze Weile so. Ich dachte erst, es wäre der Fernseher!« Mein Mann zeigt an die Decke: Es sind die Rauchmelder, deren Batterien leer sind. Genau wie in New York, genauer gesagt in Brooklyn bei meinem Bruder, wie wir später zufällig feststellen werden. Ist Mama umgestiegen? Von Glühbirnen auf Rauchmelder? Neue Erinnerungen, ein neues Leben – aber vielleicht sieht Mama mich doch?

Fragen Sie mich mal, was für mich typisch Sylt ist: Mamas zerzauste Haare, ihre geliebten Heckenrosen (»Anna, ist das nicht schön?«), ihre Freude über ungewöhnlich schöne Muschelfunde am Strand und hinterher daraus Ketten basteln.

In diesem Sinne: Umarmen Sie Ihre Trauer. Es wird besser, auch wenn es nicht vorstellbar erscheint. Tod ist wie Geburt – nur andersrum. Man wächst irgendwie hinein.

Ihre Anna Funck

Anna Funck und ihre Mutter Silvia

Dank

Ich danke meinem Mann, dass er mich motiviert, geschoben und getreten hat, dieses Buch zu schreiben. Ich liebe dich! Und meiner Tante Ingrid aus Montréal, weil sie schon immer wusste, dass ich irgendwann schreiben werde. Und Mama, weil sie einfach alles richtig gemacht hat – bis auf die Tatsache, sich so früh davonzustehlen. Ich vermisse dich!

PS: Lass mal wieder ein paar Birnen durchknallen – ich hab noch welche übrig.

Erste Hilfe für Trauernde

120 Seiten | Kartoniert
ISBN 978-3-451-61047-9

Roland Kachler greift in kurzen Kapiteln die ganz konkreten Fragen, Nöte und Zweifel von Trauernden auf. Er gibt ihnen einfache Mittel an die Hand, die den Verlustschmerz lebbarer machen können.

In jeder Buchhandlung!

HERDER

www.herder.de

Der Klassiker von Verena Kast

224 Seiten | Gebunden
ISBN 978-3-451-61236-7

Der Trauerprozess ist ein natürlicher, schwieriger Wandlungsprozess. Er konfrontiert Betroffene mit zentralen Erfahrungen im Leben des Menschen: mit Leben und Tod und damit auch mit Fragen nach Sinn, nach dem, was letztlich im Leben trägt. Verena Kast zeigt Perspektiven, um sich im Chaos der Gefühle zurechtzufinden und den Verlust eines geliebten Menschen schließlich zu verarbeiten.

In jeder Buchhandlung!

HERDER

www.herder.de

Das Standardwerk von Elisabeth Kübler-Ross

304 Seiten | Gebunden
mit Schutzumschlag
ISBN 978-3-451-61314-2

Elisabeth Kübler-Ross beschreibt die fünf Phasen, die Sterbende durchlaufen – von der Leugnung über die Wut bis zur letztlichen Zustimmung in das Unausweichliche. Anschaulich zeigt sie, was Sterbende bewegt und macht deutlich, wie wichtig es ist, in Kontakt mit ihnen zu bleiben. Mit einer ausführlichen Einleitung des Palliativmediziners Christoph Student.

In jeder Buchhandlung!

HERDER

www.herder.de